WAINWRIGHT'S

DESTRUCTIBLE
COLOURABLE
FLASHCARDABLE

TOP 30 DOODLE QUOTATION GUIDE

TO

THE TRAGEDY OF MACBETH

BY

WILLIAM SHAKESPEARE

QUOTATIONS CHOSEN AND DRAWN BY EDWARD WAINWRIGHT

ISBN: 9781687256270

HOW TO ABUSE THIS VERY PRECIOUS BOOK

THIS BOOK IS MEANT TO HELP YOU TO REMEMBER USEFUL QUOTATIONS SO THAT YOU CAN USE THEM IN YOUR EXAM. TO DO THAT YOU CAN ABUSE THIS BOOK HOWEVER YOU LIKE — BUT

HERE ARE SOME IDEAS:

1. WHERE THERE ARE ALREADY DOODLES, COLOUR THEM IN— IT'S A RELAXING THING TO DO WHEN YOU'VE NO BRAIN LEFT FOR OTHER REVISION.

2. WHERE THERE ARE QUOTATIONS WITH NO DOODLE, DOODLE YOUR OWN DOODLE TO SUIT IT. DOODLE.

3. IF YOU THINK A QUOTATION IS VERY IMPORTANT, TEAR IT OUT OF THE BOOK AND STICK IT UP SOMEWHERE YOU'LL SEE IT OFTEN. SCATTER THEM AROUND THE HOUSE TO DELIGHT YOUR FAMILY.

4. SHARE YOUR BEAUTIFUL OR HILARIOUS DOODLES ONLINE— YOUR FRIENDS NEED THEM!

Can't draw? Don't worry!
There are some memorably terrible doodles in here — the important part is that they're memorable and help you to learn the quotations. Draw, colour, share with your friends.

One more thing (or three):

Don't forget to use your script of "MACBETH" with this book. Also, use a dictionary or the internet to look up any unfamiliar words and when you've done that label them or they'll melt as breath into the wind.

Finally, don't forget that some words are meant to be heard by other characters and some are soliloquies for the audience.

A NOTE ON THE QUOTATIONS

IF A QUOTATION IS IN SQUARE BRACKETS, IT'S A STAGE DIRECTION. FOR EXAMPLE:

[Re-enter MACDUFF with MACBETH's head]

STAGE DIRECTIONS ARE IMPORTANT AND SHOULD BE QUOTED — THEY TELL YOU WHAT THE PLAY SHOULD LOOK LIKE. THEY'RE VITAL!

ANOTHER NOTE ON THE QUOTATIONS

IF A QUOTATION CONTAINS A SLASH, THAT'S A LINE BREAK IN THE SCRIPT.

"it is a knell / that summons thee to heaven or to hell."

THIS MATTERS BECAUSE MARKING THE LINE BREAKS ALLOWS YOU TO ANALYSE RHYME AND METER, AND BECAUSE WHEN YOU EMBED QUOTATIONS IN YOUR WRITING YOU DO NOT USE THE LAYOUT FROM THE SCRIPT.

METER

METER IS TO DO WITH MEASURING OUT THE WORDS. MUCH OF MACBETH IS WRITTEN IN BLANK VERSE—

THE LINES IN BLANK VERSE DON'T RHYME BUT ARE WRITTEN IN IAMBIC PENTAMETER. ▷

IF THE BLANK VERSE IS REPLACED BY SOMETHING ELSE — SHORT LINES OR RHYME— IT'S FOR A REASON. LOOK AT WHAT'S HAPPENING IN THE STORY TO WORK IT OUT.

IAMBIC PENTAMETER

IAMBIC PENTAMETER IS ONE WAY OF MEASURING OUT POETRY.

MACBETH IS POETRY: IT'S INTENSE.

HERE IS ONE LINE WRITTEN IN IAMBIC PENTAMETER:

I [dare] do [all] that [May] be [come] a [Man].

PAIR 1   PAIR 2   PAIR 3   PAIR 4   PAIR 5

Wait! What?

YOU HAVE FIVE PAIRS (PENT-LIKE A PENTAGON) OF SYLLABLES. THE FIRST SYLLABLE IS QUIET AND THE SECOND IS LOUD — THAT'S WHAT MAKES IT AN IAMB.

HANG ON JUST A COTTON-PICKIN' MINUTE!

WHY DOES IT MATTER WHAT METER THE PLAY USES?

1. IT MATTERS BECAUSE IT IMPLIES A STRUCTURE, A CONTROL, AN ORDER TO WHAT IS HAPPENING — THE PLAY IS A **TRAGEDY**. MACBETH THE CHARACTER IS FOLLOWING SOME SORT OF SCRIPT — THE WITCHES'? FATE'S?

HE CANNOT AVOID HIS TRAGIC DESTINY.

2. IT'S COOL. SHAKESPEARE WAS A GENIUS!

3. WHENEVER THE BLANK VERSE CHANGES TO SOMETHING ELSE, IT TELLS YOU SOMETHING.

- RHYME — IT SOUNDS LIKE A SPELL!
- SHORTER OR LONGER LINES — MACBETH IS UPSET OR ANGRY OR SOMETHING'S GONE WRONG!

THE BEST THING TO DO IS TO LOOK FOR IT IN THE SCRIPT — TRY THE LONG SPEECHES — AND DON'T GET HUNG UP ON IT: THERE ARE OTHER TECHNIQUES!

This guide exists to help you to remember quotations. It has mentioned stage directions, line breaks and meter because those things matter to how the quotations look in the guide.

Other guides are available to help you to learn about literary technique.

Now, to the Quotations!

[Thunder and lightning. Enter three witches.]

FLASHCARD

TEAR THIS PAGE OUT, FILL THIS SIDE IN AND BINGO! YOU HAVE A FABULOUS FLASHCARD.

THIS QUOTATION IS FROM ACT _____ .

THE WORDS BELONG TO _____

_____ .

ONE LITERARY TECHNIQUE USED IS

_____ .

ANOTHER LITERARY TECHNIQUE USED IS

_____ .

THE WORD CLASS OF THE KEY WORD

" _____ " IS _____ .

WRITE THE QUOTATION HERE — MAKE SURE IT IS EXACTLY THE SAME AS IT IS ON THE OTHER SIDE!

ASK: HOW DOES THIS MAKE YOU FEEL?

ASK: HOW WOULD OTHER AUDIENCES FEEL?

ASK: HOW DOES THIS LINK TO CONTEXT?

ASK: DO OTHER QUOTATIONS LINK TO THIS?

"Brave Macbeth — well he deserves that name."

FLASHCARD

TEAR THIS PAGE OUT, FILL THIS SIDE IN AND BINGO! YOU HAVE A FABULOUS FLASHCARD.

THIS QUOTATION IS FROM ACT _____ .

THE WORDS BELONG TO _____

_____ .

ONE LITERARY TECHNIQUE USED IS

_____ .

ANOTHER LITERARY TECHNIQUE USED IS

_____ .

THE WORD CLASS OF THE KEY WORD

" _____ " IS _____ .

WRITE THE QUOTATION HERE — MAKE SURE IT IS EXACTLY THE SAME AS IT IS ON THE OTHER SIDE!

ASK: HOW DOES THIS MAKE YOU FEEL?
ASK: HOW WOULD OTHER AUDIENCES FEEL?
ASK: HOW DOES THIS LINK TO CONTEXT?
ASK: DO OTHER QUOTATIONS LINK TO THIS?

"So foul and fair a day I have not seen."

FLASHCARD

TEAR THIS PAGE OUT, FILL THIS SIDE IN AND BINGO! YOU HAVE A FABULOUS FLASHCARD.

THIS QUOTATION IS FROM ACT _____ .

THE WORDS BELONG TO _____

_____ .

ONE LITERARY TECHNIQUE USED IS

_____ .

ANOTHER LITERARY TECHNIQUE USED IS

_____ .

THE WORD CLASS OF THE KEY WORD

" _____ " IS _____ .

WRITE THE QUOTATION HERE — MAKE SURE IT IS EXACTLY THE SAME AS IT IS ON THE OTHER SIDE!

ASK: HOW DOES THIS MAKE YOU FEEL?

ASK: HOW WOULD OTHER AUDIENCES FEEL?

ASK: HOW DOES THIS LINK TO CONTEXT?

ASK: DO OTHER QUOTATIONS LINK TO THIS?

FLASHCARD

TEAR THIS PAGE OUT, FILL THIS SIDE IN AND BINGO! YOU HAVE A FABULOUS FLASHCARD.

THIS QUOTATION IS FROM ACT _____.

THE WORDS BELONG TO _____

_____.

ONE LITERARY TECHNIQUE USED IS

_____.

ANOTHER LITERARY TECHNIQUE USED IS

_____.

THE WORD CLASS OF THE KEY WORD

" _____ " IS _____.

WRITE THE QUOTATION HERE — MAKE SURE IT IS EXACTLY THE SAME AS IT IS ON THE OTHER SIDE!

ASK: HOW DOES THIS MAKE YOU FEEL?

ASK: HOW WOULD OTHER AUDIENCES FEEL?

ASK: HOW DOES THIS LINK TO CONTEXT?

ASK: DO OTHER QUOTATIONS LINK TO THIS?

"I burned in desire to question them further."

FLASHCARD

TEAR THIS PAGE OUT, FILL THIS SIDE IN AND BINGO! YOU HAVE A FABULOUS FLASHCARD.

THIS QUOTATION IS FROM ACT _____.

THE WORDS BELONG TO _____

_____

ONE LITERARY TECHNIQUE USED IS

_____

ANOTHER LITERARY TECHNIQUE USED IS

_____

THE WORD CLASS OF THE KEY WORD

" _____ " IS _____.

WRITE THE QUOTATION HERE — MAKE SURE IT IS <u>EXACTLY</u> THE SAME AS IT IS ON THE OTHER SIDE!

ASK: HOW DOES THIS MAKE YOU FEEL?
ASK: HOW WOULD OTHER AUDIENCES FEEL?
ASK: HOW DOES THIS LINK TO CONTEXT?
ASK: DO OTHER QUOTATIONS LINK TO THIS?

"This castle hath a pleasant Seat; the air/ Nimbly and sweetly recommends itself/ Unto our gentle Senses."

FLASHCARD

TEAR THIS PAGE OUT, FILL THIS SIDE IN AND BINGO! YOU HAVE A FABULOUS FLASHCARD.

THIS QUOTATION IS FROM ACT _____ .

THE WORDS BELONG TO _____

_____ .

ONE LITERARY TECHNIQUE USED IS

_____ .

ANOTHER LITERARY TECHNIQUE USED IS

_____ .

THE WORD CLASS OF THE KEY WORD

" _____ " IS _____ .

WRITE THE QUOTATION HERE — MAKE SURE IT IS EXACTLY THE SAME AS IT IS ON THE OTHER SIDE !

ASK: HOW DOES THIS MAKE YOU FEEL?

ASK: HOW WOULD OTHER AUDIENCES FEEL?

ASK: HOW DOES THIS LINK TO CONTEXT?

ASK: DO OTHER QUOTATIONS LINK TO THIS?

"His virtues / Will plead like angels, trumpet-tongued, against / The deep damnation of his taking off."

FLASHCARD

TEAR THIS PAGE OUT, FILL THIS SIDE IN AND BINGO! YOU HAVE A FABULOUS FLASHCARD.

THIS QUOTATION IS FROM ACT _____.

THE WORDS BELONG TO _____

_____.

ONE LITERARY TECHNIQUE USED IS

_____.

ANOTHER LITERARY TECHNIQUE USED IS

_____.

THE WORD CLASS OF THE KEY WORD

" _____ " IS _____.

WRITE THE QUOTATION HERE — MAKE SURE IT IS EXACTLY THE SAME AS IT IS ON THE OTHER SIDE!

ASK: HOW DOES THIS MAKE YOU FEEL?

ASK: HOW WOULD OTHER AUDIENCES FEEL?

ASK: HOW DOES THIS LINK TO CONTEXT?

ASK: DO OTHER QUOTATIONS LINK TO THIS?

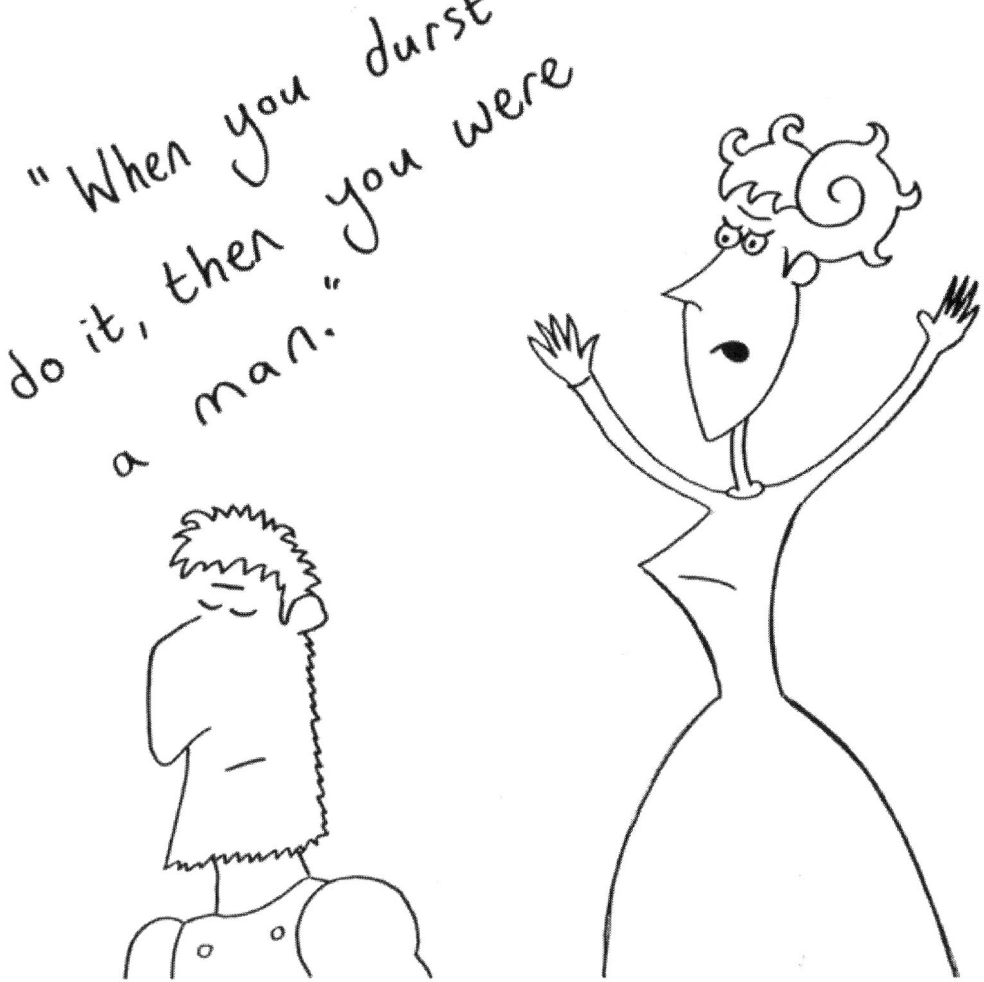
"When you durst do it, then you were a man."

FLASHCARD

TEAR THIS PAGE OUT, FILL THIS SIDE IN AND BINGO! YOU HAVE A FABULOUS FLASHCARD.

THIS QUOTATION IS FROM ACT _____.

THE WORDS BELONG TO _____

_____.

ONE LITERARY TECHNIQUE USED IS

_____.

ANOTHER LITERARY TECHNIQUE USED IS

_____.

THE WORD CLASS OF THE KEY WORD

" _____ " IS _____.

WRITE THE QUOTATION HERE — MAKE SURE IT IS EXACTLY THE SAME AS IT IS ON THE OTHER SIDE!

ASK: HOW DOES THIS MAKE YOU FEEL?

ASK: HOW WOULD OTHER AUDIENCES FEEL?

ASK: HOW DOES THIS LINK TO CONTEXT?

ASK: DO OTHER QUOTATIONS LINK TO THIS?

"But wherefore could not I pronounce 'Amen'? / I had most need of blessing, and 'Amen' / Stuck in my throat."

FLASHCARD

TEAR THIS PAGE OUT, FILL THIS SIDE IN AND BINGO! YOU HAVE A FABULOUS FLASHCARD.

THIS QUOTATION IS FROM ACT _____.

THE WORDS BELONG TO _____

_____

ONE LITERARY TECHNIQUE USED IS

_____

ANOTHER LITERARY TECHNIQUE USED IS

_____

THE WORD CLASS OF THE KEY WORD

" _____ " IS _____.

WRITE THE QUOTATION HERE — MAKE SURE IT IS EXACTLY THE SAME AS IT IS ON THE OTHER SIDE!

ASK: HOW DOES THIS MAKE YOU FEEL?
ASK: HOW WOULD OTHER AUDIENCES FEEL?
ASK: HOW DOES THIS LINK TO CONTEXT?
ASK: DO OTHER QUOTATIONS LINK TO THIS?

"Infirm of purpose! / Give me the daggers: the sleeping and the dead / Are but as pictures."

FLASHCARD

TEAR THIS PAGE OUT, FILL THIS SIDE IN AND BINGO! YOU HAVE A FABULOUS FLASHCARD.

THIS QUOTATION IS FROM ACT _____ .

THE WORDS BELONG TO _____

_____ .

ONE LITERARY TECHNIQUE USED IS

_____ .

ANOTHER LITERARY TECHNIQUE USED IS

_____ .

THE WORD CLASS OF THE KEY WORD

" _____ " IS _____ .

WRITE THE QUOTATION HERE — MAKE SURE IT IS EXACTLY THE SAME AS IT IS ON THE OTHER SIDE!

ASK: HOW DOES THIS MAKE YOU FEEL?
ASK: HOW WOULD OTHER AUDIENCES FEEL?
ASK: HOW DOES THIS LINK TO CONTEXT?
ASK: DO OTHER QUOTATIONS LINK TO THIS?

FLASHCARD

TEAR THIS PAGE OUT, FILL THIS SIDE IN AND BINGO! YOU HAVE A FABULOUS FLASHCARD.

THIS QUOTATION IS FROM ACT _____.

THE WORDS BELONG TO _____

_____.

ONE LITERARY TECHNIQUE USED IS

_____.

ANOTHER LITERARY TECHNIQUE USED IS

_____.

THE WORD CLASS OF THE KEY WORD

" _____ " IS _____.

WRITE THE QUOTATION HERE — MAKE SURE IT IS <u>EXACTLY</u> THE SAME AS IT IS ON THE <u>OTHER</u> SIDE!

ASK: HOW DOES THIS MAKE YOU FEEL?
ASK: HOW WOULD OTHER AUDIENCES FEEL?
ASK: HOW DOES THIS LINK TO CONTEXT?
ASK: DO OTHER QUOTATIONS LINK TO THIS?

Here lay Duncan, | His
Silver skin laced with
his golden blood, | And
his gashed stabs like
a breach in nature |
For ruin's wasteful
entrance.

FLASHCARD

TEAR THIS PAGE OUT, FILL THIS SIDE IN AND BINGO! YOU HAVE A FABULOUS FLASHCARD.

THIS QUOTATION IS FROM ACT _____.

THE WORDS BELONG TO _____

_____.

ONE LITERARY TECHNIQUE USED IS

_____.

ANOTHER LITERARY TECHNIQUE USED IS

_____.

THE WORD CLASS OF THE KEY WORD

" _____ " IS _____.

WRITE THE QUOTATION HERE — MAKE SURE IT IS EXACTLY THE SAME AS IT IS ON THE OTHER SIDE!

ASK: HOW DOES THIS MAKE YOU FEEL?

ASK: HOW WOULD OTHER AUDIENCES FEEL?

ASK: HOW DOES THIS LINK TO CONTEXT?

ASK: DO OTHER QUOTATIONS LINK TO THIS?

FLASHCARD

TEAR THIS PAGE OUT, FILL THIS SIDE IN AND BINGO! YOU HAVE A FABULOUS FLASHCARD.

THIS QUOTATION IS FROM ACT _____ .

THE WORDS BELONG TO _____

_____ .

ONE LITERARY TECHNIQUE USED IS

_____ .

ANOTHER LITERARY TECHNIQUE USED IS

_____ .

THE WORD CLASS OF THE KEY WORD

" _____ " IS _____ .

WRITE THE QUOTATION HERE — MAKE SURE IT IS EXACTLY THE SAME AS IT IS ON THE OTHER SIDE!

ASK: HOW DOES THIS MAKE YOU FEEL?
ASK: HOW WOULD OTHER AUDIENCES FEEL?
ASK: HOW DOES THIS LINK TO CONTEXT?
ASK: DO OTHER QUOTATIONS LINK TO THIS?

"O, full of Scorpions is my mind, dear wife!"

FLASHCARD

TEAR THIS PAGE OUT, FILL THIS SIDE IN AND BINGO! YOU HAVE A FABULOUS FLASHCARD.

THIS QUOTATION IS FROM ACT _____.

THE WORDS BELONG TO _____

_____.

ONE LITERARY TECHNIQUE USED IS

_____.

ANOTHER LITERARY TECHNIQUE USED IS

_____.

THE WORD CLASS OF THE KEY WORD

" _____ " IS _____.

WRITE THE QUOTATION HERE — MAKE SURE IT IS EXACTLY THE SAME AS IT IS ON THE OTHER SIDE!

ASK: HOW DOES THIS MAKE YOU FEEL?

ASK: HOW WOULD OTHER AUDIENCES FEEL?

ASK: HOW DOES THIS LINK TO CONTEXT?

ASK: DO OTHER QUOTATIONS LINK TO THIS?

"A deed without a name."

FLASHCARD

TEAR THIS PAGE OUT, FILL THIS SIDE IN AND BINGO! YOU HAVE A FABULOUS FLASHCARD.

THIS QUOTATION IS FROM ACT _____.

THE WORDS BELONG TO _____

_____.

ONE LITERARY TECHNIQUE USED IS

_____.

ANOTHER LITERARY TECHNIQUE USED IS

_____.

THE WORD CLASS OF THE KEY WORD

" _____ " IS _____.

WRITE THE QUOTATION HERE — MAKE SURE IT IS EXACTLY THE SAME AS IT IS ON THE OTHER SIDE!

ASK: HOW DOES THIS MAKE YOU FEEL?
ASK: HOW WOULD OTHER AUDIENCES FEEL?
ASK: HOW DOES THIS LINK TO CONTEXT?
ASK: DO OTHER QUOTATIONS LINK TO THIS?

"Sweet bodements, good."

FLASHCARD

TEAR THIS PAGE OUT, FILL THIS SIDE IN AND BINGO! YOU HAVE A FABULOUS FLASHCARD.

THIS QUOTATION IS FROM ACT _____ .

THE WORDS BELONG TO _____

_____ .

ONE LITERARY TECHNIQUE USED IS

_____ .

ANOTHER LITERARY TECHNIQUE USED IS

_____ .

THE WORD CLASS OF THE KEY WORD

" _____ " IS _____ .

WRITE THE QUOTATION HERE — MAKE SURE IT IS EXACTLY THE SAME AS IT IS ON THE OTHER SIDE!

ASK: HOW DOES THIS MAKE YOU FEEL?
ASK: HOW WOULD OTHER AUDIENCES FEEL?
ASK: HOW DOES THIS LINK TO CONTEXT?
ASK: DO OTHER QUOTATIONS LINK TO THIS?

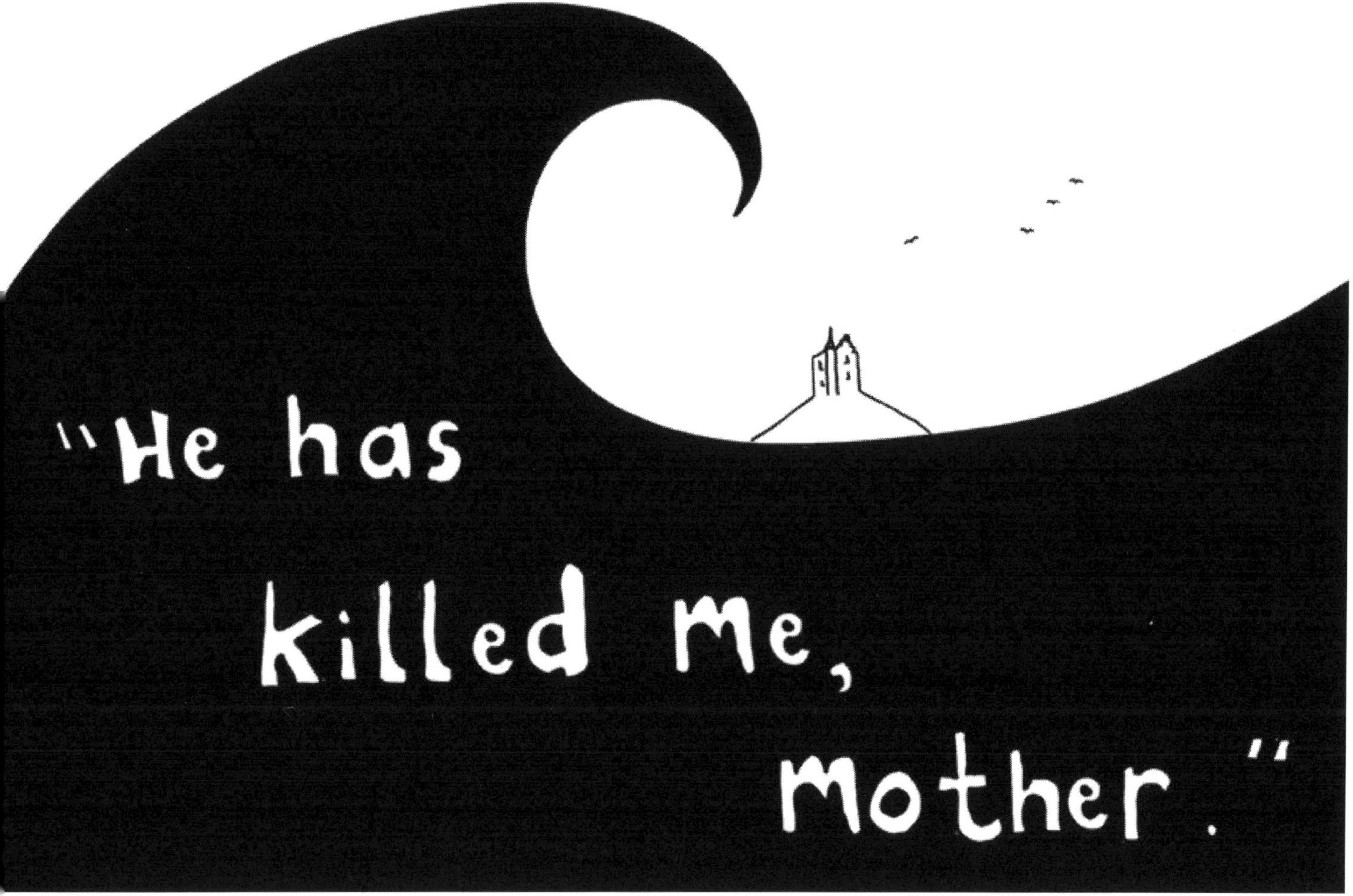
"He has killed me, mother."

FLASHCARD

TEAR THIS PAGE OUT, FILL THIS SIDE IN AND BINGO! YOU HAVE A FABULOUS FLASHCARD.

THIS QUOTATION IS FROM ACT _____.

THE WORDS BELONG TO _____

_____

ONE LITERARY TECHNIQUE USED IS

_____

ANOTHER LITERARY TECHNIQUE USED IS

_____

THE WORD CLASS OF THE KEY WORD
" _____ " IS _____ .

WRITE THE QUOTATION HERE — MAKE SURE IT IS EXACTLY THE SAME AS IT IS ON THE OTHER SIDE!

ASK: HOW DOES THIS MAKE YOU FEEL?
ASK: HOW WOULD OTHER AUDIENCES FEEL?
ASK: HOW DOES THIS LINK TO CONTEXT?
ASK: DO OTHER QUOTATIONS LINK TO THIS?

"Not in the legions / Of horrid Hell can come a devil more damned / In evils to top Macbeth."

FLASHCARD

TEAR THIS PAGE OUT, FILL THIS SIDE IN AND BINGO! YOU HAVE A FABULOUS FLASHCARD.

THIS QUOTATION IS FROM ACT _____ .

THE WORDS BELONG TO _____

_____ .

ONE LITERARY TECHNIQUE USED IS

_____ .

ANOTHER LITERARY TECHNIQUE USED IS

_____ .

THE WORD CLASS OF THE KEY WORD

" _____ " IS _____ .

WRITE THE QUOTATION HERE — MAKE SURE IT IS <u>EXACTLY</u> THE SAME AS IT IS ON THE OTHER SIDE!

ASK: HOW DOES THIS MAKE YOU FEEL?

ASK: HOW WOULD OTHER AUDIENCES FEEL?

ASK: HOW DOES THIS LINK TO CONTEXT?

ASK: DO OTHER QUOTATIONS LINK TO THIS?

"Cut short all intermission: front to front /
Bring thou this fiend of Scotland and
myself; / Within my sword's length set him."

FLASHCARD

TEAR THIS PAGE OUT, FILL THIS SIDE IN AND BINGO! YOU HAVE A FABULOUS FLASHCARD.

THIS QUOTATION IS FROM ACT _____ .

THE WORDS BELONG TO _____

_____

ONE LITERARY TECHNIQUE USED IS

_____

ANOTHER LITERARY TECHNIQUE USED IS

_____

THE WORD CLASS OF THE KEY WORD

" _____ " IS _____ .

WRITE THE QUOTATION HERE — MAKE SURE IT IS <u>EXACTLY</u> THE SAME AS IT IS ON THE OTHER SIDE!

ASK: HOW DOES THIS MAKE YOU FEEL?

ASK: HOW WOULD OTHER AUDIENCES FEEL?

ASK: HOW DOES THIS LINK TO CONTEXT?

ASK: DO OTHER QUOTATIONS LINK TO THIS?

"She has light by her Continually."

FLASHCARD

THIS QUOTATION IS FROM ACT _____ .

THE WORDS BELONG TO _____

_____

ONE LITERARY TECHNIQUE USED IS

_____

ANOTHER LITERARY TECHNIQUE USED IS

_____

THE WORD CLASS OF THE KEY WORD

" _____ " IS _____ .

WRITE THE QUOTATION HERE — MAKE SURE IT IS <u>EXACTLY</u> THE SAME AS IT IS ON THE OTHER SIDE!

ASK: HOW DOES THIS MAKE YOU FEEL?

ASK: HOW WOULD OTHER AUDIENCES FEEL?

ASK: HOW DOES THIS LINK TO CONTEXT?

ASK: DO OTHER QUOTATIONS LINK TO THIS?

"Some say he's mad; others, that lesser hate him, / Do call it valiant fury."

FLASHCARD

TEAR THIS PAGE OUT, FILL THIS SIDE IN AND BINGO! YOU HAVE A FABULOUS FLASHCARD.

THIS QUOTATION IS FROM ACT _____.

THE WORDS BELONG TO _____

_____.

ONE LITERARY TECHNIQUE USED IS

_____.

ANOTHER LITERARY TECHNIQUE USED IS

_____.

THE WORD CLASS OF THE KEY WORD

" _____ " IS _____.

WRITE THE QUOTATION HERE — MAKE SURE IT IS EXACTLY THE SAME AS IT IS ON THE OTHER SIDE!

ASK: HOW DOES THIS MAKE YOU FEEL?

ASK: HOW WOULD OTHER AUDIENCES FEEL?

ASK: HOW DOES THIS LINK TO CONTEXT?

ASK: DO OTHER QUOTATIONS LINK TO THIS?

"I'll fight, till from my bones my flesh be hacked."

FLASHCARD

TEAR THIS PAGE OUT, FILL THIS SIDE IN AND BINGO! YOU HAVE A FABULOUS FLASHCARD.

THIS QUOTATION IS FROM ACT _____.

THE WORDS BELONG TO _____

_____.

ONE LITERARY TECHNIQUE USED IS

_____.

ANOTHER LITERARY TECHNIQUE USED IS

_____.

THE WORD CLASS OF THE KEY WORD

" _____ " IS _____.

WRITE THE QUOTATION HERE — MAKE SURE IT IS <u>EXACTLY</u> THE SAME AS IT IS ON THE OTHER SIDE!

ASK: HOW DOES THIS MAKE YOU FEEL?

ASK: HOW WOULD OTHER AUDIENCES FEEL?

ASK: HOW DOES THIS LINK TO CONTEXT?

ASK: DO OTHER QUOTATIONS LINK TO THIS?

"Not so sick, my lord, / As she is troubled by thick-coming fancies / That keep her from her rest".

FLASHCARD

TEAR THIS PAGE OUT, FILL THIS SIDE IN AND BINGO! YOU HAVE A FABULOUS FLASHCARD.

THIS QUOTATION IS FROM ACT _____ .

THE WORDS BELONG TO _____

_____ .

ONE LITERARY TECHNIQUE USED IS

_____ .

ANOTHER LITERARY TECHNIQUE USED IS

_____ .

THE WORD CLASS OF THE KEY WORD

" _____ " IS _____ .

WRITE THE QUOTATION HERE — MAKE SURE IT IS <u>EXACTLY</u> THE SAME AS IT IS ON THE OTHER SIDE!

ASK: HOW DOES THIS MAKE YOU FEEL?

ASK: HOW WOULD OTHER AUDIENCES FEEL?

ASK: HOW DOES THIS LINK TO CONTEXT?

ASK: DO OTHER QUOTATIONS LINK TO THIS?

"I have almost forgot the taste of fears."

FLASHCARD

TEAR THIS PAGE OUT, FILL THIS SIDE IN AND BINGO! YOU HAVE A FABULOUS FLASHCARD.

THIS QUOTATION IS FROM ACT _____.

THE WORDS BELONG TO _____

_____.

ONE LITERARY TECHNIQUE USED IS

_____.

ANOTHER LITERARY TECHNIQUE USED IS

_____.

THE WORD CLASS OF THE KEY WORD

" _____ " IS _____.

WRITE THE QUOTATION HERE — MAKE SURE IT IS EXACTLY THE SAME AS IT IS ON THE OTHER SIDE!

ASK: HOW DOES THIS MAKE YOU FEEL?

ASK: HOW WOULD OTHER AUDIENCES FEEL?

ASK: HOW DOES THIS LINK TO CONTEXT?

ASK: DO OTHER QUOTATIONS LINK TO THIS?

FLASHCARD

THIS QUOTATION IS FROM ACT _____ .

THE WORDS BELONG TO _____

_____ .

ONE LITERARY TECHNIQUE USED IS

_____ .

ANOTHER LITERARY TECHNIQUE USED IS

_____ .

THE WORD CLASS OF THE KEY WORD

" _____ " IS _____ .

WRITE THE QUOTATION HERE — MAKE SURE IT IS EXACTLY THE SAME AS IT IS ON THE OTHER SIDE!

ASK: HOW DOES THIS MAKE YOU FEEL?

ASK: HOW WOULD OTHER AUDIENCES FEEL?

ASK: HOW DOES THIS LINK TO CONTEXT?

ASK: DO OTHER QUOTATIONS LINK TO THIS?

"Worthy

Macduff."

FLASHCARD

TEAR THIS PAGE OUT, FILL THIS SIDE IN AND BINGO! YOU HAVE A FABULOUS FLASHCARD.

THIS QUOTATION IS FROM ACT _____.

THE WORDS BELONG TO _____

_____

ONE LITERARY TECHNIQUE USED IS

_____

ANOTHER LITERARY TECHNIQUE USED IS

_____

THE WORD CLASS OF THE KEY WORD

" _____ " IS _____.

WRITE THE QUOTATION HERE — MAKE SURE IT IS EXACTLY THE SAME AS IT IS ON THE OTHER SIDE!

ASK: HOW DOES THIS MAKE YOU FEEL?
ASK: HOW WOULD OTHER AUDIENCES FEEL?
ASK: HOW DOES THIS LINK TO CONTEXT?
ASK: DO OTHER QUOTATIONS LINK TO THIS?

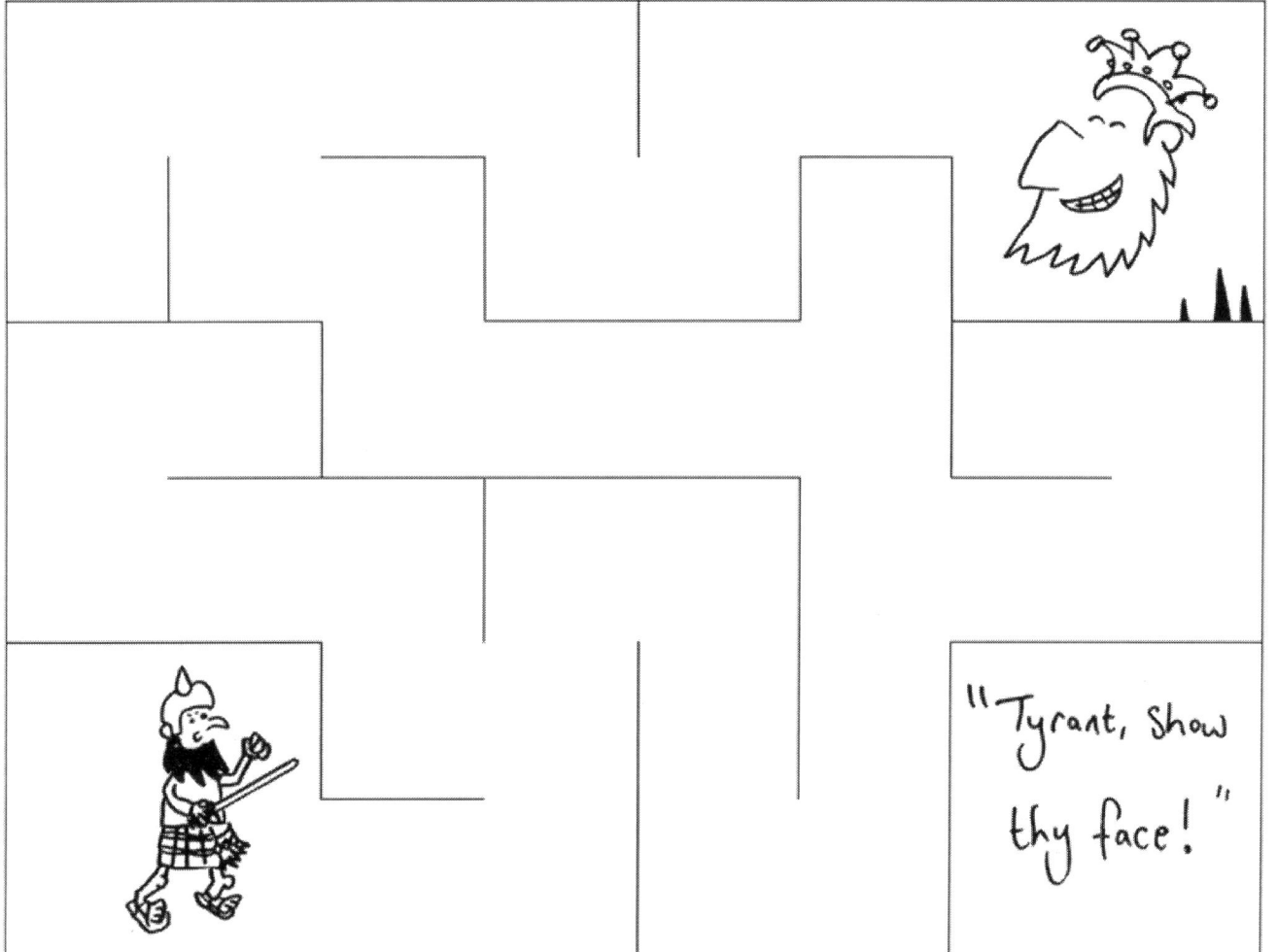

FLASHCARD

TEAR THIS PAGE OUT, FILL THIS SIDE IN AND BINGO! YOU HAVE A FABULOUS FLASHCARD.

THIS QUOTATION IS FROM ACT _____.

THE WORDS BELONG TO _____

_____.

ONE LITERARY TECHNIQUE USED IS

_____.

ANOTHER LITERARY TECHNIQUE USED IS

_____.

THE WORD CLASS OF THE KEY WORD

" _____ " IS _____.

WRITE THE QUOTATION HERE — MAKE SURE IT IS EXACTLY THE SAME AS IT IS ON THE OTHER SIDE!

ASK: HOW DOES THIS MAKE YOU FEEL?

ASK: HOW WOULD OTHER AUDIENCES FEEL?

ASK: HOW DOES THIS LINK TO CONTEXT?

ASK: DO OTHER QUOTATIONS LINK TO THIS?

"Turn, Hell-hound, turn."

FLASHCARD

TEAR THIS PAGE OUT, FILL THIS SIDE IN AND BINGO! YOU HAVE A FABULOUS FLASHCARD.

THIS QUOTATION IS FROM ACT _____ .

THE WORDS BELONG TO _____

_____ .

ONE LITERARY TECHNIQUE USED IS

_____ .

ANOTHER LITERARY TECHNIQUE USED IS

_____ .

THE WORD CLASS OF THE KEY WORD

" _____ " IS _____ .

WRITE THE QUOTATION HERE — MAKE SURE IT IS <u>EXACTLY</u> THE SAME AS IT IS ON THE OTHER SIDE!

ASK: HOW DOES THIS MAKE YOU FEEL?
ASK: HOW WOULD OTHER AUDIENCES FEEL?
ASK: HOW DOES THIS LINK TO CONTEXT?
ASK: DO OTHER QUOTATIONS LINK TO THIS?

"Behold, where stands /

Th'usurper's cursèd

head: the time

is free."

FLASHCARD

TEAR THIS PAGE OUT, FILL THIS SIDE IN AND BINGO! YOU HAVE A FABULOUS FLASHCARD.

THIS QUOTATION IS FROM ACT _____.

THE WORDS BELONG TO _____

_____

ONE LITERARY TECHNIQUE USED IS

_____

ANOTHER LITERARY TECHNIQUE USED IS

_____

THE WORD CLASS OF THE KEY WORD " _____ " IS _____.

WRITE THE QUOTATION HERE — MAKE SURE IT IS EXACTLY THE SAME AS IT IS ON THE OTHER SIDE!

ASK: HOW DOES THIS MAKE YOU FEEL?
ASK: HOW WOULD OTHER AUDIENCES FEEL?
ASK: HOW DOES THIS LINK TO CONTEXT?
ASK: DO OTHER QUOTATIONS LINK TO THIS?

FLASHCARD

TEAR THIS PAGE OUT, FILL THIS SIDE IN AND BINGO! YOU HAVE A FABULOUS FLASHCARD.

THIS QUOTATION IS FROM ACT _____.

THE WORDS BELONG TO _____

_____.

ONE LITERARY TECHNIQUE USED IS

_____.

ANOTHER LITERARY TECHNIQUE USED IS

_____.

THE WORD CLASS OF THE KEY WORD

" _____ " IS _____.

WRITE THE QUOTATION HERE — MAKE SURE IT IS <u>EXACTLY</u> THE SAME AS IT IS ON THE OTHER SIDE!

ASK: HOW DOES THIS MAKE YOU FEEL?

ASK: HOW WOULD OTHER AUDIENCES FEEL?

ASK: HOW DOES THIS LINK TO CONTEXT?

ASK: DO OTHER QUOTATIONS LINK TO THIS?

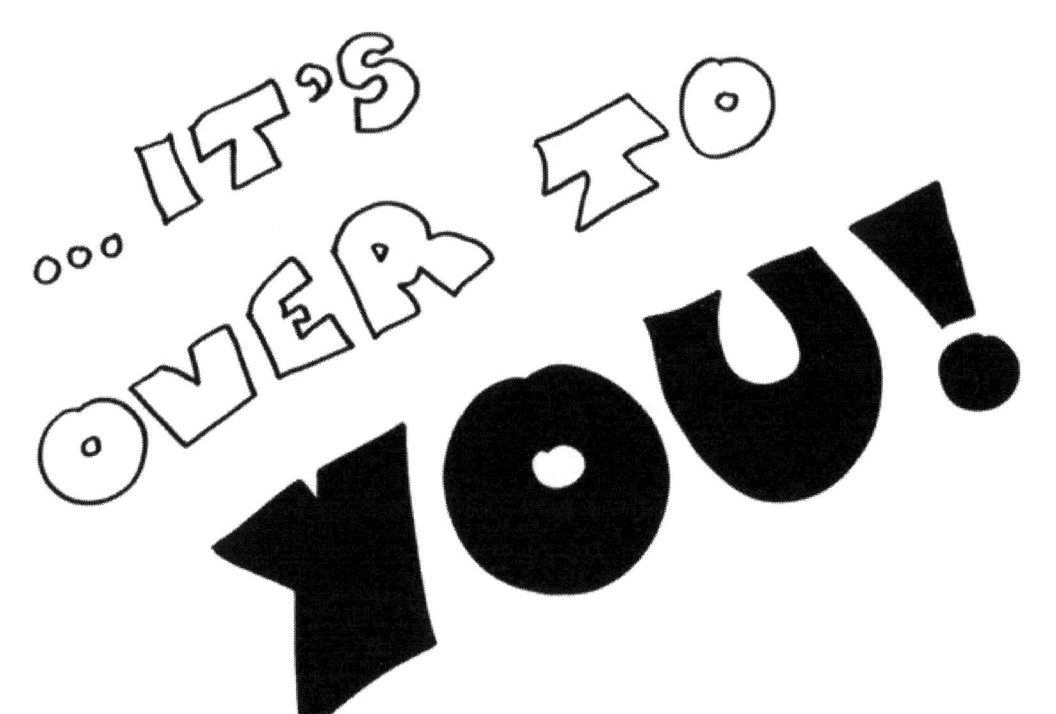

Don't forget to photograph and share your doodles with your friends — they need the quotations too!

(Wear your best baseball hat and flares, obv.)

Pick your own quotation...

...and do a doodle to suit it.

FLASHCARD

TEAR THIS PAGE OUT, FILL THIS SIDE IN AND BINGO! YOU HAVE A FABULOUS FLASHCARD.

THIS QUOTATION IS FROM ACT _____.

THE WORDS BELONG TO _____

_____.

ONE LITERARY TECHNIQUE USED IS

_____.

ANOTHER LITERARY TECHNIQUE USED IS

_____.

THE WORD CLASS OF THE KEY WORD

" _____ " IS _____.

WRITE THE QUOTATION HERE — MAKE SURE IT IS EXACTLY THE SAME AS IT IS ON THE OTHER SIDE!

ASK: HOW DOES THIS MAKE YOU FEEL?

ASK: HOW WOULD OTHER AUDIENCES FEEL?

ASK: HOW DOES THIS LINK TO CONTEXT?

ASK: DO OTHER QUOTATIONS LINK TO THIS?

Pick your own quotation...

...and do a doodle to suit it.

FLASHCARD

TEAR THIS PAGE OUT, FILL THIS SIDE IN AND BINGO! YOU HAVE A FABULOUS FLASHCARD.

THIS QUOTATION IS FROM ACT _____.

THE WORDS BELONG TO _____

_____.

ONE LITERARY TECHNIQUE USED IS

_____.

ANOTHER LITERARY TECHNIQUE USED IS

_____.

THE WORD CLASS OF THE KEY WORD

" _____ " IS _____.

WRITE THE QUOTATION HERE — MAKE SURE IT IS <u>EXACTLY</u> THE SAME AS IT IS ON THE OTHER SIDE!

ASK: HOW DOES THIS MAKE YOU FEEL?
ASK: HOW WOULD OTHER AUDIENCES FEEL?
ASK: HOW DOES THIS LINK TO CONTEXT?
ASK: DO OTHER QUOTATIONS LINK TO THIS?

Pick your own quotation...

...and do a doodle to suit it.

FLASHCARD

TEAR THIS PAGE OUT, FILL THIS SIDE IN AND BINGO! YOU HAVE A FABULOUS FLASHCARD.

THIS QUOTATION IS FROM ACT _____ .

THE WORDS BELONG TO _____

_____ .

ONE LITERARY TECHNIQUE USED IS

_____ .

ANOTHER LITERARY TECHNIQUE USED IS

_____ .

THE WORD CLASS OF THE KEY WORD
" _____ " IS _____ .

WRITE THE QUOTATION HERE — MAKE SURE IT IS <u>EXACTLY</u> THE SAME AS IT IS ON THE OTHER SIDE !

ASK: HOW DOES THIS MAKE YOU FEEL?

ASK: HOW WOULD OTHER AUDIENCES FEEL?

ASK: HOW DOES THIS LINK TO CONTEXT?

ASK: DO OTHER QUOTATIONS LINK TO THIS?

Pick your own quotation...

...and do a doodle to suit it.

FLASHCARD

TEAR THIS PAGE OUT, FILL THIS SIDE IN AND BINGO! YOU HAVE A FABULOUS FLASHCARD.

THIS QUOTATION IS FROM ACT _____.

THE WORDS BELONG TO _____

_____.

ONE LITERARY TECHNIQUE USED IS

_____.

ANOTHER LITERARY TECHNIQUE USED IS

_____.

THE WORD CLASS OF THE KEY WORD

" _____ " IS _____.

WRITE THE QUOTATION HERE — MAKE SURE IT IS <u>EXACTLY</u> THE SAME AS IT IS ON THE OTHER SIDE!

ASK: HOW DOES THIS MAKE YOU FEEL?

ASK: HOW WOULD OTHER AUDIENCES FEEL?

ASK: HOW DOES THIS LINK TO CONTEXT?

ASK: DO OTHER QUOTATIONS LINK TO THIS?

Pick your own quotation...

...and do a doodle to suit it.

FLASHCARD

TEAR THIS PAGE OUT, FILL THIS SIDE IN AND BINGO! YOU HAVE A FABULOUS FLASHCARD.

THIS QUOTATION IS FROM ACT _____.

THE WORDS BELONG TO _____

_____.

ONE LITERARY TECHNIQUE USED IS

_____.

ANOTHER LITERARY TECHNIQUE USED IS

_____.

THE WORD CLASS OF THE KEY WORD

" _____ " IS _____.

WRITE THE QUOTATION HERE — MAKE SURE IT IS EXACTLY THE SAME AS IT IS ON THE OTHER SIDE!

ASK: HOW DOES THIS MAKE YOU FEEL?
ASK: HOW WOULD OTHER AUDIENCES FEEL?
ASK: HOW DOES THIS LINK TO CONTEXT?
ASK: DO OTHER QUOTATIONS LINK TO THIS?

OF COURSE, NONE OF THIS IS ANY SUBSTITUTE FOR ACTUALLY SEEING THE PLAY (OR FILM)

O yes, and read it too.

Printed in Great
Britain
by Amazon

Le Sud Marocain

Chez le même éditeur :

L'Orientalisme

Vol. 1, Lynne Thornton, **Les Orientalistes, Peintres Voyageurs 1828-1908***
Vol. 2, Denise Brahimi et Koudir Benchikou, La Vie et l'Œuvre d'**Etienne Dinet**
Vol. 3, Lynne Thornton, **La Femme dans la Peinture Orientaliste***
Vol. 4, Gerald M. Ackerman, la Vie et l'Œuvre de **Jean-Léon Gérôme***
Vol. 5, Caroline Juler, **Les Orientalistes de l'Ecole Italienne**
Vol. 6, James Thompson et Barbara Wright, La Vie et l'Œuvre d'**Eugène Fromentin**
Vol. 7, Félix Marcilhac, La Vie et l'Œuvre de **Jacques Majorelle**
Vol. 8, Auguste Boppe, **Les Peintres du Bosphore au XVIIIe siècle**
Vol. 9, Gerald M. Ackerman, **Les Orientalistes de l'École Britannique**

Narjess Ghachem Benkirane (texte) et Philippe Saharoff (photographies),
Marrakech, Demeures et Jardins secrets
Katia Azoulay, Elsa Rosilio et Régine Sibony (texte), Liliane Benisty et Pierre
Gailhanou (photographies), **Essaouira : Mogador, Parfums d'enfance**
Nicole Levallois, **Les Déserts d'Égypte**
Jean-Louis Miège et Georges Bousquet (texte), Jacques Denarnaud (photographies)
et Florence Beaufre (stylisme), **Tanger, Porte entre deux mondes**
Mohamed Sijelmassi, **Les Enluminures des Manuscrits Royaux au Maroc***
Mohamed Sijelmassi, **Les Arts traditionnels au Maroc**
Mohamed Sijelmassi, **L'Art contemporain au Maroc**
Mohamed Sijelmassi, **Fès, cité de l'Art et du Savoir**
David Rouach (texte) et Jacques Adda (photographies), **Les Bijoux Berbères au
Maroc** (dans la tradition judéo-arabe)
Samuel Pickens (texte) et Philippe Saharoff (photographies), **Les Villes Impéria-
les du Maroc**

* Disponible également en anglais.

Directeur artistique et technique :
A.-Chaouki Rafif
Coordination éditoriale et iconographique :
Marie-Pierre Kerbrat
Traduction de l'anglais :
Marie-Claude et Guy Fontaine
Dessin cartographique :
Laurence Moussel
Texte sur l'architecture de terre :
Jean Mazel

© 1993, ACR Édition Internationale, Courbevoie (Paris)
(Art - Création - Réalisation)
ISBN 2-86770-056-6
N° d'éditeur : 1054/1
Dépôt légal : premier trimestre 1993
Tous droits réservés pour tous pays

Photogravure : Chromostyle, Tours
Composition et montage : Compo 2000, Saint-Lô
Imprimé en France par MAME à Tours

LE SUD MAROCAIN

Texte de
Samuel Pickens

Photographies de
Michel Renaudeau
Xavier Richer

ACR Édition

Sommaire

Introduction 6

Le Maroc tel qu'on l'imagine — Le Maroc au cinéma — Les Berbères — Les Arabes — Le commerce de l'or — Les dynasties du Sud : Les Almoravides — Les Almohades — Les Saadiens — Les Alaouites — Le Protectorat français

L'Architecture de terre au Maroc par Jean Mazel 22

Marrakech 26

Les souks — La place Djemaa el Fna — Les Almoravides — Les Almohades : La Koutoubia — La médersa ben Youssef — La période saadienne : Le palais el Badi — Les tombeaux saadiens — La période alaouite

Les Montagnes 62

Un moussem — Le maraboutisme — Ibn Toumart à **Tin Mal** — **Talaat n'Yacoub** — Les Goundafa — La route de Ouarzazate — **Tizi n' Tichka** — **Telouet** — Madani et Thami el Glaoui

Le Désert et les oasis 98

Ouarzazate — Taourirt — **Tiffoultout** — **Aït ben Haddou** — La vallée du Drâa — **Tissergate** — **Zagora** — Les Saadiens — **Tamegroute** — **M'Hamid** — Le jbel Sarhro — Les Aït Atta — Le Tafilalt — **Erfoud** — L'Erg Chebbi — **Sijilmassa** — Ibn Battouta — René Caillié — Les Alaouites — La vallée du Ziz — **Figuig** — **Tinerhir** et les gorges du Todra — **Boumalne du Dadès** — El Kelaa des Mgouna — **Skoura** — **Taliouine** — **Imilchil**

La Côte 190

Essaouira : Les Carthaginois et Juba II — Les Portugais — Mohammed ben Abdallah - Les Français et Jimi Hendrix — **Agadir** — **Taroudant** et la vallée du Souss — La route de Tafraoute — **Tafraoute** — **Tiznit** — **Sidi Ifni** — **Goulimine** — **Tan Tan** — **Tarfaya** — **Laayoune** — **Smara**

Épilogue 262
Bibliographie 264
Crédit photographique 264

Introduction

Aït ben Haddou représente l'un des plus beaux exemples de l'architecture berbère locale. Les casbahs berbères, avec leurs élégantes tours d'angle élancées, constituèrent de superbes systèmes de défense que l'on érigea au cours de guerres tribales qui durèrent plus de deux siècles. Elles abritaient des familles entières, ainsi que leur bétail et les réserves de grain.

Pages 8-9 :
L'aspect du Sud change au fil des saisons : en été, il se pare de tons chauds, fauves et bruns ; en automne se déploient les rouges et violets ; en hiver, la neige poudroie sur le Haut-Atlas ; au printemps, fleurs et amandiers éclatent à profusion.

Le Maroc tel qu'on l'imagine

Tout enfant, déjà, je croyais en l'existence d'un endroit tel que le Maroc, un endroit créé par l'imagination qui se concrétisa de manière inattendue lorsqu'un jour, par hasard, j'en fit la visite. Mon imagination me murmurait souvent ces mots grisants : il existe, près de la mer, des casbahs chaulées de blanc ; des palmeraies vastes et tranquilles ; des déserts impressionnants aux sables colorés et des montagnes noires ; des souks animés et odorants où l'on propose épices et potions pour guérir ou écarter les mauvais sorts ; de gracieuses portes voûtées ouvrant sur des ruelles obscures ; des tentes ornées de tapis où l'on sert du thé à la menthe parfumé ; une voûte céleste à l'azur aussi pur que celui couvrant le Sahara.

Le Sud marocain est bel et bien cet endroit — une terre légendaire aussi envoûtante que celle des Mille et Une Nuits. Il est aussi somptueux qu'austère — avec ses montagnes et ses déserts, ses oasis et la mer. Sa géographie tout en contrastes éblouit le regard. Si le Sud marocain est devenu le paradis des cinéastes, il ne s'agit pas d'une coïncidence. Vous l'avez sûrement vu, si vous êtes allé au cinéma au cours de ces quarante dernières années !

Le Maroc au cinéma

Le Sud marocain apparaît dans des dizaines de films : cela va des films d'action avec Jean-Paul Belmondo à une comédie de Fernandel ou à un film policier d'Alfred Hitchcock ; des « James Bond » à « Lawrence d'Arabie » ; ou de l'« Othello » d'Orson Welles à « Un Thé au Sahara » de Bertolucci (une adaptation récente du roman de Paul Bowles).

Quel que soit le moment de l'année, on tourne presque toujours un film dans le Sud marocain. Certains endroits de cette région ont servi à évoquer tour à tour l'Égypte, la Syrie ou la Jordanie ; la frontière nord-ouest du Pakistan ; l'Afghanistan ou encore l'Arabie Saoudite ; l'Andalousie et les déserts de l'Ouest américain... Des scènes ayant pour sujet la Légion Etrangère, Ali Baba et les Quarante Voleurs et même Jésus-Christ ont été réalisées dans son décor.

Le Sud — et ses habitants — offre un spectacle si riche en couleur qu'il a attiré non seulement les producteurs et réalisateurs de films, mais aussi les peintres, les écrivains et les photographes — étrangers ou marocains — et ce depuis fort longtemps. Matisse et Majorelle sont venus là. Le monde des arts voit désormais le Maroc avec les yeux d'Hassan el Glaoui ; celui-ci emploie dans ses peintures des coloris chauds, des rouges notamment, qui évoquent son Sud natal. Des écrivains ont célébré les villes, les montagnes et les déserts de cette région. On citera

Des motifs berbères qui, le plus souvent, sont aussi les marques distinctives de chaque tribu, forment la base des décorations des tapis tissés à la main.

Dans ces superbes spécimens de bijoux marocains, on retrouve l'héritage artistique de plusieurs civi- *lisations : phénicienne, berbère, arabe, juive et andalouse.*

Les Zenata étaient des nomades originaires de Libye et de Tunisie. Ils parcouraient les plaines centrales et les montagnes de l'ouest du Maroc. Ils se convertirent un bref moment au christianisme, sous les Byzantins, au VIe siècle ; mais ils adoptèrent bientôt avec enthousiasme l'Islam que les Arabes introduisirent au VIIe siècle.

Les Berbères Masmouda étaient des fermiers du Sud-Ouest, implantés notamment sur les versants du Haut-Atlas.

Les Sanhaja, des nomades du désert saharien, amenèrent les tribus d'Afrique Noire à se convertir à l'Islam à partir du Xe siècle. Leur zèle de propagateurs de la foi — combiné à leur vaillance guerrière — donna naissance aux Almoravides. Ces derniers gagnèrent le nord et conquirent le Maroc, ainsi qu'une grande partie de l'Espagne et le Maghreb.

Les Arabes

Certes, ce fut en 683 que les premiers explorateurs arabes de quelque importance arrivèrent, avec un corps expéditionnaire ommeyade conduit par Oqba ben Nafi. Mais l'Islam ne s'implanta vraiment qu'en 786, avec la venue de Moulay Idriss, le fondateur de la première dynastie marocaine. Il fuyait l'Arabie, après l'échec d'une rébellion contre les califes abbassides de Bagdad. Il descendait d'Ali, le beau-fils du Prophète et le quatrième calife de ce nom, et il était par conséquent un *chérif*. Sa connaissance exceptionnelle du Coran et de la doctrine islamique impressionna les Berbères Aoureba qui le choisirent pour *imam* (chef politique et religieux).

L'Islam gagna progressivement les autres tribus berbères. Quand des milliers de familles de réfugiés, venant d'Andalousie et de Tunisie, arrivèrent au Maroc, Fès devint le centre de l'Islam dans ce pays. Mais ce ne fut pas avant le XIIe siècle, voire plus tard, que les Berbères du Sud se convertirent à la religion musulmane. On remarquera que l'Islam et l'islamisation se développèrent souvent dans cette contrée avec l'avènement des dynasties du Sud. Ces dernières imposaient leur interprétation religieuse aux pays qu'elles conquéraient, or, de ce point de vue, le Sud était très différent.

Contrairement au Nord du Maroc, où une succession d'envahisseurs et de commerçants européens marquèrent de leur empreinte l'Histoire du pays, la majeure partie du Sud échappa à l'influence occidentale jusqu'au XXe siècle. Longtemps cette dernière s'exerça surtout sur la vie de la Cour ou dans les enclaves commerciales le long du littoral. Phéniciens et Carthaginois limitèrent leurs activités au nord du pays et à la côte. Ni les Romains ni les Turcs ne pénétrèrent dans le Sud. Les premiers ne s'aventurèrent que jusqu'à Rabat. Si les seconds ne dépassèrent pas l'actuelle Algérie, ils réussirent néanmoins à s'implanter à la Cour marocaine et à déstabiliser la dynastie saadienne.

Le commerce de l'or

Pendant des siècles, le Sud se tourna vers l'Afrique Noire, vers le Ghana, Gao et Tombouctou, où de grandes cités prospéraient : les cités de l'or... La région du Niger devint le principal fournisseur de ce métal précieux pour tout le Moyen-Orient. A partir du IXe siècle, ce commerce de l'or transita en grande partie par le Maghreb.

Cela résultait avant tout d'un décret du sultan égyptien Ahmed ben Toulour. Il proscrivait l'usage de la route transsaharienne directe entre l'Egypte et le royaume du Ghana, à cause des fréquentes tempêtes de sable et des

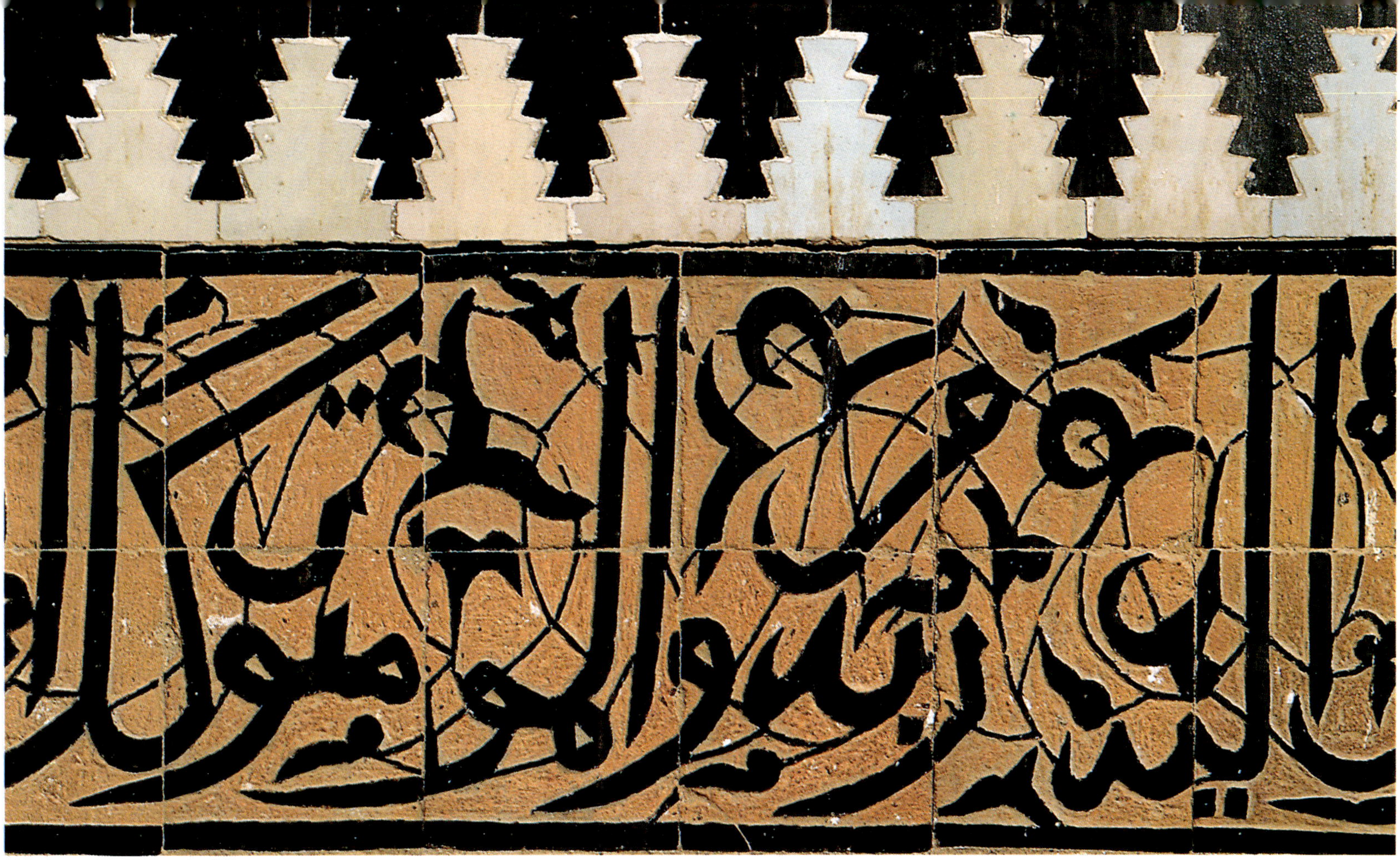

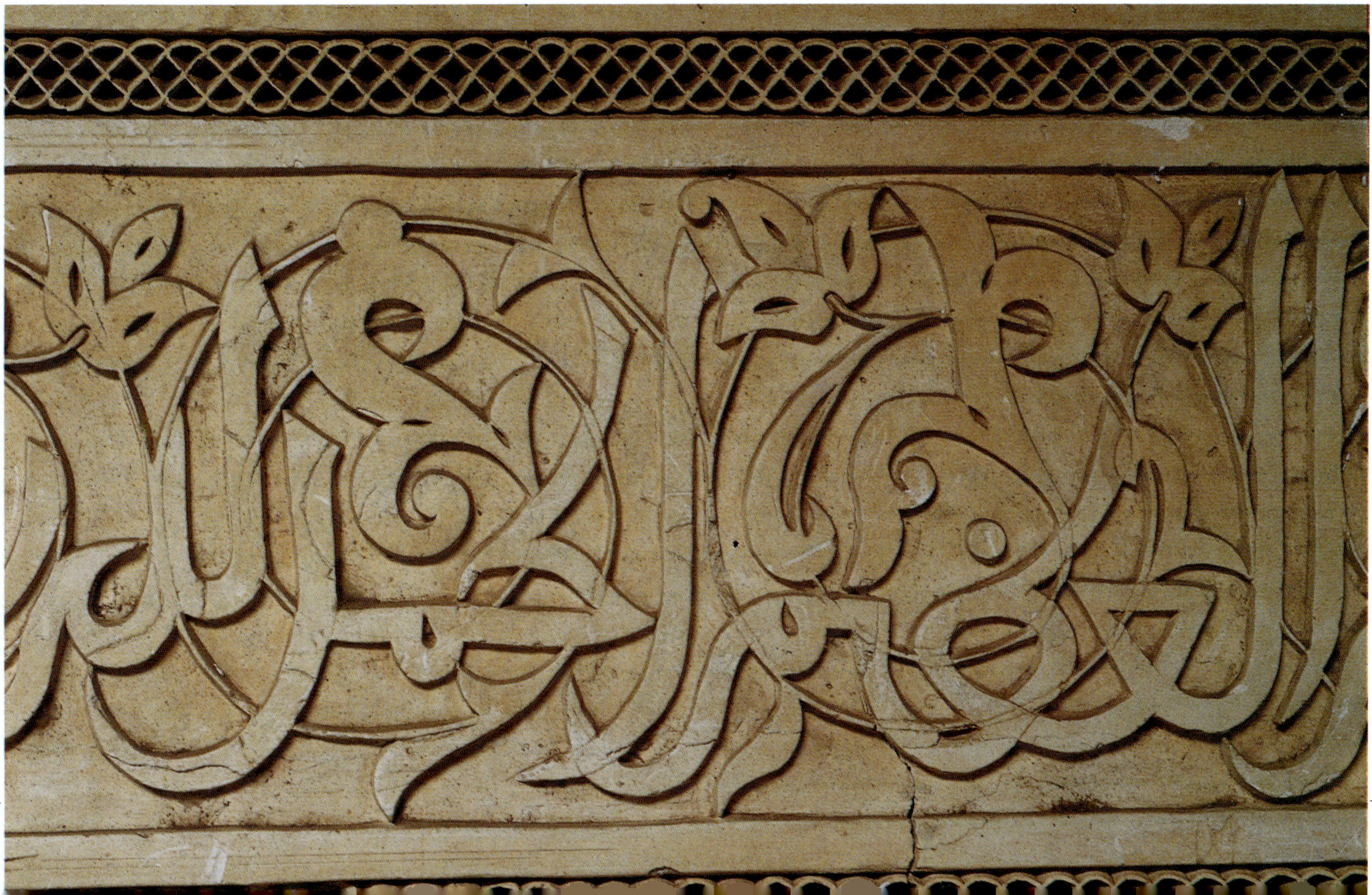

attaques de tribus hostiles. Le commerce de l'or destiné au Moyen-Orient dut donc emprunter les routes maghrébines, principalement celle passant par Sijilmassa (près de l'actuel Rissani).

Au début, les négociants purent échanger du sel contre de l'or, car le premier manquait de manière chronique dans la région du Niger. Les marchands laissaient le sel (qu'on extrayait du Sahara) sur les rives du fleuve et ils se retiraient à une certaine distance. Les tribus locales déposaient le métal précieux à côté du sel et s'éloignaient du lieu de la transaction. Les Arabes revenaient : si la quantité d'or s'avérait suffisante, ils la prenaient, laissant le sel en échange. Si cela ne convenait pas, ils se retiraient à nouveau et les tribus indigènes augmentaient leur dépôt.

Grâce au commerce de l'or, qui leur permit de s'enrichir, plusieurs dynasties du Sud purent accéder au pouvoir. Sijilmassa devint le principal lieu de passage de ce négoce (Taroudant, dans la vallée du Souss, acquit aussi une certaine importance au XVIᵉ siècle). Le trafic se développa et finit par inclure de l'ivoire, des plumes d'autruche, de la gomme arabique, de la corne de rhinocéros et des esclaves.

Selon certains historiens, dont Yves Lacoste, le commerce de l'or passant par le Tafilalt et Sijilmassa ne contribua pas seulement à enrichir les dynasties locales. Il servit aussi à créer de grandes cités dans le nord de l'Afrique et en Espagne — notamment Fès, Tlemcen, Kairouan et Grenade — et il joua un rôle important dans l'enrichissement de villes aussi éloignées que Le Caire ou Bagdad. On rappellera aussi que l'une des raisons pour laquelle Christophe Colomb chercha le Nouveau Monde (où il espérait trouver le précieux métal) était que l'islamisation de l'Afrique du Nord empêchait les Européens de participer à ce commerce de l'or.

Aujourd'hui, les caravanes transsahariennes existent toujours, mais elles se livrent à un négoce plus prosaïque : céréales, thé et sucre provenant du Maroc sont échangés contre des bijoux ou des objets sculptés, lesquels finiront dans les souks de Marrakech et de Fès.

Les dynasties du Sud

Les quatre dynasties du Sud ont pris leur essor dans l'Atlas ou au-delà, dans les oasis du désert. Toutes accédèrent au pouvoir portées par une vague de réformisme religieux. Il s'agissait là d'un motif suffisamment puissant pour inciter leur tribu à s'emparer du pouvoir, à rallier à leur cause les autres tribus et à en obtenir le soutien.

Les Almoravides

Depuis longtemps, les Almoravides, un groupe berbère Sanhaja, surveillaient avec inquiétude le commerce lucratif de l'or qui existait avec les tribus de la région du Niger. Sijilmassa, le célèbre centre de transit de ce commerce destiné au Moyen-Orient, était devenu synonyme de cupidité et de vice : les hommes y buvaient du vin et prenaient plus de quatre épouses.

Au XIᵉ siècle, Sijilmassa était prête pour la réforme. L'événement déterminant se produisit quand Yahya ben Ibrahim, un chef de la tribu Gouddala, se rendit en pèlerinage à La Mecque. Quand il revint dans le Sud marocain, il rallia à sa cause un Berbère Sanhaja du nom de Ibn Yasin : il entendait réformer les tribus rebelles du Sud et répandre l'orthodoxie islamique dans tout le pays.

Mais quand Yahya ben Ibrahim mourut, les Gouddala chassèrent Ibn Yasin. Celui-ci se réfugia dans un *ribat*, une sorte de monastère fortifié où les guerriers musulmans vivaient et priaient. Puis il prit la tête d'un *jihad* (guerre sainte) contre les Sanhaja décadents.

Les adeptes d'Ibn Yasin, qui l'avaient accompagné dans le *ribat*, se désignaient sous le nom de *al-murabitun* (« ceux qui vivent dans les forteresses de la frontière »), nom que les Espagnols déformèrent plus tard en « Almoravides ». Il semble que le mot « marabout », que l'on donne aux saints marocains, ait la même origine.

Le *jihad* s'étendit aux confins du Maroc, dans le nord jusqu'à Tanger et loin dans le Sahara occidental. La principale figure militaire de l'époque, Youssef ben Tachfine (1061-1106), établit une base à Marrakech ; puis il étendit l'empire almoravide dans le nord jusqu'à Lisbonne et Saragosse, à l'est jusqu'à Alger et loin à l'intérieur de la Mauritanie et du Mali actuels.

Les Almohades

Après avoir connu une période de prospérité sans précédent dans le Sud, les Almoravides succombèrent sous les coups des Almohades. Bien qu'issue d'un *jihad* mené contre la décadence, avec le temps la Cour almoravide se corrompit à son tour ; à nouveau, les hommes burent du vin et prirent plus de quatre épouses. Cela donna naissance à un nouveau mouvement réformateur, qui s'incarna en la personne de Ibn Toumart (?-1130), le *Mahdi* mes-

sianique. Il rallia à lui les tribus berbères du Haut-Atlas afin de réformer et de détruire l'empire almoravide.

A partir de leur base de Tin Mal (situé au-delà d'Asni, dans la montagne), les Almohades, ou *al-Muwahhidun* (« Ceux qui croient en l'unicité de dieu »), déferlèrent sur les Almoravides en 1129 et finirent par s'emparer de Marrakech en 1147, après un siège de presque un an.

Les Almohades détruisirent la majeure partie des bâtiments almoravides. Ils élevèrent leurs propres monuments à Marrakech — notamment la Koutoubia, les remparts et la mosquée El Mansour. Ils créèrent aussi les jardins de la Menara et Agdal.

Les Saadiens

Les Mérinides, dont la civilisation s'épanouit au XIVe siècle, se consacrèrent surtout à Fès, délaissant Marrakech. Leur déclin se conjuguant à l'impuissance de leurs cousins, les Ouattassides, le pouvoir devint vacant dans le Sud marocain. Les Saadiens s'en emparèrent au début du XVIe siècle.

Les *chorfa* saadiens, des descendants du Prophète, étaient arrivés d'Arabie entre le XIIe et le XIVe siècle et s'étaient établis dans la vallée du Drâa.

Avec le déclin de la puissance mérinide-ouattasside, des enclaves commerciales étrangères, notamment portugaises et génoises, s'implantèrent sur la côte marocaine. Les habitants de la vallée du Souss, inquiets devant l'expansion de cette présence étrangère, se tournèrent vers les Saadiens. Un appel aux armes s'ensuivit, auquel tous s'empressèrent de répondre avec enthousiasme. Les Portugais payèrent chèrement leur audace par l'une des pires défaites de leur Histoire, celle de la « Bataille des Trois Rois ».

Les Saadiens poussèrent leur action vers le nord, par le Haut-Atlas, et s'emparèrent de Marrakech en 1524. Les Ouattassides essayèrent par trois fois de reprendre la ville, mais ils échouèrent. Ils acceptèrent finalement un compromis — les Saadiens dirigeraient la partie du Maroc située au sud de Tadla (près de l'actuel Beni-Mellal). En 1549, les Saadiens obligèrent les Ouattassides à abandonner Fès et étendirent leur domination jusqu'aux frontières actuelles du pays.

Pendant le règne d'Ahmed el Mansour, surnommé *ed Dahbi*, ou « le Doré » (1578-1603), les Saadiens occupèrent Tombouctou et détruisirent le royaume africain de Gao. El Mansour accrut considérablement le commerce de l'or avec les tribus du Niger, d'où son surnom.

Les Alaouites

Après la mort d'Ahmed el Mansour, les Saadiens perdirent leur solide emprise sur le pays. En l'absence de tout pouvoir capable de diriger le Sud, les habitants de Fès (capitale réelle ou *de facto* du Maroc pendant la majeure partie de son Histoire) invitèrent les Alaouites à prendre le pouvoir. Ces derniers (encore appelés les Filali) provenaient des environs de l'actuel Rissani, dans le Tafilalt. Originaires de Yembo en Arabie, ils descendaient du Prophète et portaient donc le titre de *chorfa*.

Moulay Rachid (1662-1672), le premier sultan alaouite, accepta l'offre des habitants de Fès et restaura l'ordre rapidement. Son successeur, Moulay Ismaïl (1672-1727) étendit le *Bled el Makhzen* (les terres du gouvernement) à tout le Maroc. Il constitua une armée de gardes noirs, les *Abid*, et les utilisa pour protéger les frontières du pays et pour mater les rébellions internes.

Une longue période d'instabilité suivit la mort de Moulay Ismaïl. Des tribus berbères — la confédération des Aït Atta, surtout — terrorisaient les régions du sud de l'Atlas presque en toute impunité. Les tribus du Sud, toujours farouchement indépendantes, s'habituèrent à l'absence d'intervention du *Makhzen*. Celui-ci se manifestait sous la forme de *harkas* — des sortes d'expéditions menées périodiquement pour collecter les impôts. Parmi ces tribus, le clan Glaoui du Haut-Atlas devait jouer un rôle capital dans l'Histoire du Maroc, pendant le Protectorat français.

Le Protectorat français

Le Protectorat dura de 1912 à 1956. Au cours des vingt premières années, les Français et leurs alliés (les Glaoua, les Mtougga et les Goundafa) menèrent une guerre de répression afin de « pacifier » les tribus du Sud. Mais ces dernières, farouchement indépendantes, ne plièrent pas facilement. Ce fut seulement en 1933 que les derniers îlots d'indépendance, ceux des Aït Haddidou, se soumirent à la tutelle du Protectorat.

A la fin des années 1920, la construction de routes à travers l'Atlas ouvrit le Sud de façon spectaculaire au reste du pays. Avant l'achèvement, en 1928, de la route de Marrakech à Ouarzazate, on ne pouvait franchir la montagne qu'à dos de mulet. Bien que destinée à relier la garnison de Ouarzazate à Marrakech, cette route permit finalement au Sud d'entrer dans l'ère du tourisme.

Aujourd'hui, le tourisme représente l'une des principales activités du Maroc. De bonnes voies de communication relient la plupart des lieux intéressants. Heureuse surprise : le Sud est parsemé de fort bons hôtels, qu'il est facile de rejoindre les uns après les autres en une simple journée de voyage.

On peut désormais passer des rêves de l'imagination à la réalité — celle de la beauté fabuleuse du Sud marocain. Cette région s'est ouverte aux visiteurs, et ils y sont les bienvenus. Il y a tant à voir...

Les grandes cérémonies sont l'occasion de sortir les plus beaux objets.

Page 24-25
Aït ben Haddou.

Les dynasties marocaines

Les *Idrissides* (789-926) : *Chorfa* [pluriel de *chérif*] originaires d'Arabie, qui introduisirent l'Islam et fondèrent Fès.

Les *Almoravides* (1056-1147) : Dynastie berbère provenant des déserts du Sud et qui fonda Marrakech.

Les *Almohades* (1130-1269) : Dynastie berbère du Haut-Atlas.

Les *Mérinides-Ouattassides* (1196-1549) : Nomades du Sahara qui prirent Fès pour capitale.

Les *Saadiens* (1511-1659) : *Chorfa* de la vallée du Drâa ; ils obtinrent l'appui des tribus de la vallée du Souss.

Les *Alaouites* (1664 jusqu'à nos jours) : *Chorfa* du Tafilalt et de la vallée du Ziz.

Une bonne équipe, dirigée par un *maallem* chevronné, doit construire sept *leuh* par jour.

Au cours des travaux, des modifications interviendront souvent... De quoi faire enrager un architecte cartésien.

Mais, en fait, il n'y a pas d'architecte à faire enrager... Car, au pays de l'architecture la plus étonnante du monde, il n'y a pas d'architectes.

C'est le *mouendiz* — celui qui connaît les canons de l'art de construire — qui est seul responsable du chantier. Il le dirige avec son savoir hérité de ses ancêtres, et avec sa patience.

Le maître de maison, tout au long des travaux, lui aura offert d'innombrables verres de thé à la menthe en lui disant : « On va surélever la *tirermt* du côté des palmiers... Tu ne crois pas qu'une arcade sur la terrasse ferait bien ? »

Et tout finit par se faire dans le calme, avec gentillesse et un certain détachement.

Les modifications étant « digérées », les lourdes murailles et les tours une fois montées, les plus grands soins seront apportés à l'étanchéité des toits en terrasses.

Un mélange un peu plus complexe, carrément boueux, fait de pierre, de paille et d'un peu de chaux, sera étalé sur les hautes terrasses, comme du beurre sur des tartines.

Ce mortier spécial, une fois sec, sera étonnamment étanche, avec une certaine élasticité qui permettra au toit de supporter les différences de température — parfois considérables — entre le jour et la nuit.

Viendra enfin la fête de l'achèvement des travaux. Le nouveau propriétaire ne saurait être digne de son rang, et sa maison risquerait de s'écrouler, s'il n'immolait pas un ou plusieurs moutons, dont se régaleront ensemble maîtres et ouvriers.

Malgré cette célébration supposant un produit vraiment fini, on peut alors se demander pourquoi il semble y avoir toujours, d'un côté, l'ébauche d'une aile ou d'une tour et, de l'autre, un espace oublié.

Dans la complexité du plan, élaboré au fur et à mesure de la construction grâce à la complicité du *mouendiz* et du maître de maison, ces « manques » sont d'ordre spirituel.

Ce serait un grave péché contre Allah tout-puissant de prétendre construire une œuvre complète et définitive... « Seule, l'œuvre d'Allah est achevée. »

... Et tu retourneras en poussière

Les casbahs souffrent de l'usure du temps, singulièrement des pluies, rares mais violentes. Autrefois, elles subissaient aussi des dommages qui pouvaient aller jusqu'à la destruction complète, du fait des combats entre tribus.

Victimes de ces guerres locales, les casbahs trop détériorées n'étaient pas réparées. On reconstruisait à côté.

Egalement détériorées au point de n'être pas reconstruites, les casbahs que l'on cesse d'entretenir, les casbahs abandonnées.

A chaque grosse pluie, de grandes traînées de boue visqueuse ruisselleront le long des murailles, tel du chocolat fondu. Il ne restera bientôt que des pans de murs de plus en plus arrondis, telles les « structures molles » chères à Salvador Dali, comme des fantasmes dans la vacuité de paysages désertiques.

Superbement belles aussi, les casbahs fondues...

Puis il reste l'œuvre du vent ; le vent qui achèvera de réduire le friable en poussière.

Architecture de terre et réhabilitation

Faut-il, aujourd'hui, consolider ou réparer les quatre cents ou cinq cents casbahs échelonnées sur le versant sud de l'Atlas, de Taliouine à Erfoud ? Certaines cachent, parfois, derrière une façade qui fait encore illusion, des corps de bâtiments écroulés.

Mais ces casbahs portent en elles la mémoire des temps et des peuples oubliés : celle des Himyars et des premiers dromadaires ; celle des défunts royaumes judéo-chrétiens et la mémoire triomphale des grands seigneurs almoravides qui allaient conquérir Marrakech et l'Andalousie.

Au nom de cette mémoire, de l'intérêt esthétique et de la conservation des techniques, se pose alors la question de la réhabilitation.

Autrefois, on construisait à côté ; mais procéder ainsi n'est pas toujours possible aujourd'hui.

L'UNESCO — toujours sans moyens mais avec de belles intentions — a créé, avec le Gouvernement marocain, à Ouarzazate, dans la casbah de Taourirt, un service chargé du « sauvetage » et a inscrit les « Architectures de Terre » du sud du Maroc à l'inventaire mondial des patrimoines en péril.

Tel un conservatoire, le Taourirt de Ouarzazate aurait alors surtout pour mission de former de nouveaux constructeurs et de développer un centre de documentation.

Mais que l'on ne touche pas aux « structures molles » et à la précieuse part du rêve. En les soutenant par quelques béquilles ou quelques jambes de bois, l'illusion surréaliste, à la Dali, serait alors totale.

Jean Mazel

Marrakech

Lorsque l'avion descend pour atterrir à Marrakech, le paysage se transforme en une mosaïque de tons fauves et bruns parsemée de taches irrégulières, couleur chocolat, révélant les champs fraîchement labourés. La terre est devenue plus sèche, plus dure, plus pâle — on a bel et bien laissé derrière soi le nord du Maroc, vert tout au long de l'année. Les sommets enneigés du Haut-Atlas se dressent à l'horizon. Des cours d'eau aux reflets verts, bordés de joncs et de broussailles, descendent des montagnes et serpentent dans les plaines.

Et puis voici Marrakech, une ville aux couleurs du désert : le rouge qui prédomine, mais aussi le saumon, le rose, le café, l'ocre et le cannelle. Et, bien sûr, le vert profond de l'oasis, car la cité n'est qu'une vaste palmeraie toujours grandissante. Sa lisière est bordée de nouveaux palmiers, plantés en rangées régulières ; on dirait des nœuds de soie verte dans un tapis fait à la main. Des canaux souterrains, datant parfois de presque mille ans, alimentent l'oasis et lui donnent cet aspect verdoyant.

Je remarque la chaleur si plaisante et la limpidité de l'air. Le temps est sec et agréable. Je suis heureux d'être de retour. J'éprouve le même enthousiasme pour cet endroit que lors de ma première visite, voici des années ; j'étais étudiant en ce temps-là et arrivais de Fès après un voyage de quatorze heures en autocar.

Je déniche un hôtel familial dans la médina. Toutes les chambres donnent sur une cour carrelée, ornée d'arbres et de plantes en pots. Pour ôter la poussière et oublier la fatigue du voyage, je me rends dans un hammam au coin de la rue. Je pénètre dans une longue pièce carrelée, bordée de bancs de chaque côté. Dans une pièce voisine, je me déshabille et revêts un large short, car il faut témoigner d'une constante pudeur. Un vieil homme emporte mes vêtements et les range sur une étagère derrière lui. Puis il me donne un seau et un arrosoir et ouvre la porte du hammam. La chaleur brutale de la vapeur me brûle les yeux un court instant. Cet endroit n'a pas le style grandiose des bains turcs, il est plus simple et plus fonctionnel. Pour ceux qui n'ont pas l'eau chaude courante dans les vieilles maisons de la médina, le hammam sert de bain public. Le vieil homme me quitte après m'avoir mené près d'un robinet ; je tire un seau d'eau chaude et me lave. La plupart des clients procèdent à des ablutions rapides et s'en vont. Pourtant, il y a là un bouddha gras qui reste assis contre les murs et aspire à pleins poumons la vapeur chaude. Un gant de toilette lui couvre les yeux — il est épuisé ou bien plongé dans ses pensées... Je m'assieds, inhale la vapeur pendant quelque temps ; puis j'achève de me laver et quitte le hammam.

Les souks

Une fois rafraîchi, je me rends dans les souks. Comme dans tout vrai bazar oriental, les allées enchevêtrées sont bordées de nombreuses petites boutiques. Des canisses ajourés couvrent la rue pour protéger du soleil, et de fins rayons de lumière filtrent à travers.

Là, tout est à vendre. On trouve des babouches, des djellabahs, des pièces de tissu pour faire des caftans, des produits artisanaux et des bijoux... Des entrepôts spécialisés proposent des articles de cuir, allant de la sacoche au blouson de motard. On pénètre dans de vastes magasins de tapis par des portes étroites.

Les sommets enneigés du Haut-Atlas dominent Marrakech et sa palmeraie.

Double page suivante :
La mosquée de la Koutoubia, qui date du XIIᵉ siècle, veille telle une sentinelle sur la cité de Marrakech. Cette grande ville impériale du Sud se situe au carrefour de divers courants commerciaux et culturels.

Chez les marchands d'épices, bouquets de menthe fraîche, énormes oranges marocaines, cageots de dattes s'empilent dans des paniers ; des sacs de toile grossière débordent de henné, de riz et de lentilles.

Des herboristes traditionnels proposent leurs remèdes contre tous les maux : de la marjolaine pour l'angoisse, des pétales de rose pour la fatigue, du thym pour la circulation du sang, sans parler des centaines de poudres et potions destinées à soigner les diverses maladies qui accablent le genre humain.

Les gens s'activent dans le dédale des rues. Des tanneurs préparent les peaux ; les teinturiers pendent des écheveaux de laine aux vives couleurs ; des ébénistes incrustent des tables de marqueteries plus claires.

Après avoir exploré les souks, je visite un de mes endroits favoris à Marrakech, les jardins Majorelle. Cela peut paraître étrange que j'aille les voir sitôt arrivé car, créés au début du XXe siècle par le peintre français Majorelle, ils ne revêtent pas une grande signification historique. Mais j'aime me réinsérer doucement, d'une manière sensuelle, dans la ville, en prenant le temps de m'acclimater et de m'imprégner des couleurs. Visiter ce lieu représente justement cela — un après-midi

de tranquillité dans un endroit reposant : des murs aux teintes indigo, des jardins remplis de palmiers, d'arbres en fleur, de plantes grasses et de bosquets de bambous, avec çà et là des vasques ornées de plantes grimpantes et d'arbustes. En longeant des canaux d'agrément et une suite de bassins, on atteint l'atelier de Majorelle. Celui-ci abrite maintenant une collection d'objets caractéristiques de l'art décoratif marocain — étoffes de mariage brodées à la main, tapis, meubles et armes...

Au début de sa carrière, l'artiste exécuta une série d'illustrations remarquables pour la Fédération des Syndicats d'Initiative et de Tourisme du Maroc ; elles représentaient d'une manière stylisée les paysages séduisants du Haut-Atlas, de Marrakech et d'autres lieux touristiques. Majorelle voyagea beaucoup dans le Sud, où il peignit quelques-unes des grandes casbahs des montagnes de l'Atlas, des vallées du Drâa et du Souss.

Après ses incursions dans les endroits les plus éloignés — comme en témoignent ses peintures — il revenait dans sa chère villa « Bou Saf Saf » (aujourd'hui « villa Majorelle »). Dans cette construction de style cubiste des années 1920, le peintre a mêlé de manière somptueuse et éclectique le

style moderne alors en vogue aux plus anciennes traditions marocaines. Yves Saint Laurent et Pierre Bergé ont restauré cette demeure.

La place Djemaa el Fna

Le soleil va se coucher et je suis la foule qui s'achemine vers la place Djemaa el Fna. Cette grande place offre un mélange étonnant de cultures, de gastronomies et de distractions. En l'espace de quelques minutes, je me retrouve dégustant un tajine dans un restaurant ambulant caché derrière la place Djemaa el Fna, dont j'écoute monter la rumeur. Il est cinq heures de l'après-midi et la place commence à se remplir. Au coucher du soleil, celle-ci et les souks s'animent, offrant un spectacle nocturne unique en son genre. Tout se mêle : musique, conteurs, bonne chère et commerce.

Paradoxalement, le nom de cet endroit animé (Djemaa el Fna) signifie littéralement « l'Assemblée des Morts ». Cette appellation fait allusion à une ancienne coutume qui disparut en 1912 : on exécutait là des criminels et des ennemis dont les têtes conservées dans du sel étaient ensuite exposées sur les murailles.

La médina de Marrakech et son labyrinthe désorientent le visiteur étranger. En réalité, la médina est plus ou moins divisée en quartiers, où l'on exerce des activités spécifiques. Ainsi, dans le souk Chouari, les teinturiers suspendent leurs écheveaux de laine aux couleurs vives pour les faire sécher.

Double page suivante :
La place Djemaa el Fna (« L'Assemblée des Morts »), point de rencontre au cœur de la cité, doit son nom à une ancienne coutume : on exposait les têtes des ennemis vaincus, conservées dans du sel, sur les murailles alentour. Aujourd'hui, une fête animée s'y déroule tous les jours, offrant distractions et de quoi se restaurer.

Une pharmacie traditionnelle dans les souks de Marrakech, offrant une variété de remèdes allant des pétales de roses pour lutter contre la fatigue à la marjolaine qui délivrera de l'anxiété.

De nombreuses épices sont utilisées dans la préparation des plats marocains, riches et variés, et confèrent à cette cuisine sa réputation d'être l'une des meilleures du monde.

Mais on oublie vite cette sinistre pratique, tandis qu'amuseurs et spectateurs affluent lentement sur la place. Alors que le soleil s'éteint dans un flamboiement de roses et d'orangés derrière le minaret de la Koutoubia, les gens s'agglutinent autour des foyers de cuisine en plein air et des lampes à acétylène, se resserrant davantage avec la tombée de la nuit. Les conteurs débitent leurs fables aux larges auditoires qui font cercle autour d'eux.

Et puis, soudain, toute la place est envahie de vendeurs. Ces derniers proposent remèdes et herbes, bijoux, vanneries, ciseaux et peignes, onguents aux multiples usages, outils et verrous, ainsi que mille autres petits articles. Des dizaines de restaurants ambulants offrent des plats cuisinés : couscous, merguez, cervelles de mouton bouillies, poisson frit, salades, aubergines, poulets, sandwiches aux œufs, et surtout cette soupe si prisée, la *harira*. On consomme cette dernière pour rompre le jeûne quotidien imposé par le Ramadan et on l'apprécie particulièrement pendant les mois d'hiver. Ce délicieux mélange de lentilles, viande, riz, tomates et oignons, assaisonné de coriandre et de persil frais, est servi dans des bols d'argile et se déguste avec des cuillères en bois.

Les dattes, consommées en grandes quantités, existent en de nombreuses variétés.

La place Djemaa el Fna forme le cœur de la cité, elle-même cœur du Sud. C'est la « Grande Ville » où se pratique le commerce de la région ; les routes partent dans toutes les directions — vers les montagnes et les oasis du désert, vers la mer et vers le nord pour rejoindre Casablanca et Rabat. Souvent les touristes commencent et achèvent là leur itinéraire. C'est le carrefour du Sud. Plus que toute autre ville impériale du Maroc, elle constitue le point de rencontre entre quatre cultures au moins — berbère, arabe, africaine et européenne. Son histoire commence avec la dynastie almoravide.

Les Almoravides (1056-1147)

Le grand émir almoravide, Youssef ben Tachfine (1061-1106), fonda Marrakech en 1062, après une longue marche à travers les montagnes de l'Atlas. Il aima ce climat chaud, idéal, aussi ordonna-t-il la construction d'une mosquée et d'une casbah. Il fit creuser des puits et construire des *kettaras* (conduits d'eau souterrains) afin d'irriguer la terre sèche. Selon la légende, les noyaux de datte jetés par les soldats de l'émir furent à l'origine de la première oasis de Marrakech.

À cette époque, les Almoravides menaient un *jihad* (guerre sainte) contre les Berbères Sanhaja du Sud.

Youssef ben Tachfine était un ascète, un homme profondément religieux, et son orthodoxie lui fit adopter un mode de vie simple. On dit qu'il ne mangeait que de la viande et ne buvait que du lait de chamelle, et que ses vêtements étaient d'étoffe grossière.

Les Sanhaja étaient entrés en décadence, à cause du commerce de l'or qui avait engendré des excès. Les Almoravides entendaient inculquer leur stricte discipline islamique aux Sanhaja et au reste du Maroc. Ils atteignirent leur but du vivant de Youssef ben Tachfine ; ils étendirent l'empire vers le nord jusqu'à Lisbonne et Saragosse, à l'est jusqu'à Alger et loin à l'intérieur de la Mauritanie et du Mali actuels, comme nous l'avons vu plus haut.

Le successeur de Youssef ben Tachfine, Ali (1107-1144), fut élevé à Ceuta et dans l'Espagne musulmane. Pendant la première partie de son règne, les artisans, les artistes, les écrivains et les philosophes affluèrent en grand nombre à la Cour de Marrakech. Un des plus grands médecins médiévaux, Avenzoar, y vécut. Un autre érudit, Avenpace, y résidait également lorsqu'il rédigea ses importants traités sur la théorie de la musique.

Ces savants exercèrent une grande influence, particulièrement sur la conduite des affaires de la Cour, mais aussi sur la vie quotidienne, notamment en architecture. Les adjonctions apportées à la mosquée Karaouiyne de Fès et la construction de la grande mosquée de Tlemcen (Algérie occidentale) témoignent de la forte influence andalouse prévalant à la Cour à cette époque. Le style hispano-mauresque, qui fleurit dans la communauté musulmane de l'Espagne du Sud, devait servir de modèle pour les dynasties ultérieures, et son influence demeure sensible encore aujourd'hui.

Il reste peu de vestiges de l'héritage almoravide, car leurs successeurs, les Almohades, trouvèrent cette décoration trop élaborée et détruisirent la plupart des bâtiments. Les trois plus grands édifices existant encore à Marrakech sont le tombeau de Youssef ben Tachfine, situé à côté de la Koutoubia ; la mosquée ben Youssef (reconstruite dans les années 1800) ; et la Koubba el Baadiyin, un simple mausolée coiffé d'une coupole, orné toutefois d'un plafond ravissant.

Le déclin des Almoravides commença, paradoxalement peut-être, avec la décadence de la vie à la Cour. Cette dernière, sous Ali, commença à mener une existence luxueuse et renonça à l'austérité « bédouine » ascétique de Youssef ben Tachfine. Cette évolution fit naître un nouveau mouvement de réforme, qu'incarna le remarquable Ibn Toumart (?-1130). Celui-ci devint le chef de la future dynastie.

Bab Agnaou, édifiée en 1150 par les Almohades, reste l'un des rares témoignages de l'art gracieux de cette dynastie. Cette porte permettait autrefois d'accéder à un palais.

Les Almohades (1130-1269)

Ibn Toumart fut un homme exceptionnel à tous points de vue. Il parlait couramment le berbère et l'arabe et connaissait de manière approfondie le Coran. Il avait passé de nombreuses années à La Mecque, au Caire, à Bagdad et à Jérusalem, étudiant les principales écoles de théologie islamique. A son retour, il parcourut le Maroc, exposant sa doctrine et condamnant la décadence des Almoravides. En 1121, en présence de l'émir almoravide, il affronta les théologiens de la Cour. Il poussa l'audace jusqu'à désarçonner la sœur de l'émir de son cheval, parce qu'elle chevauchait dans la rue sans être voilée.

Un conseiller de la Cour réalisa la grande menace que représentait Ibn Toumart pour la souveraineté almoravide, et il poussa l'émir à condamner à mort le réformateur. L'émir refusa, sentant qu'il ne pouvait pas agir ainsi avec un homme aussi pieux. Il bannit donc Ibn Toumart de Marrakech. Puis, changeant d'avis, il envoya un mandat d'arrêt contre ce dernier, le forçant à se réfugier dans le Haut-Atlas.

Après sa fuite, le *Mahdi* propagea sa conception orthodoxe de l'Islam auprès des Berbères, qui ne pouvaient pas lire l'arabe. Les Hintatta, une puissante confédération de tribus, se rallièrent à lui. Ibn Toumart établit une base à Tin Mal.

Sa réputation s'étendit et ses adeptes crûrent en nombre. La dernière année de son existence, Ibn Toumart et ses compagnons attaquèrent Marrakech, mais échouèrent. Son successeur, Abd el Moumen (1130-1163), renonça à prendre la capitale bien fortifiée et suivit une autre stratégie, attaquant les points vulnérables de l'empire almoravide. Il s'empara d'abord du Haut et du Moyen-Atlas et exerça ensuite une pression sur les villes côtières du Nord. Par la suite, il s'empara de Fès, et Marrakech tomba en 1147, après un siège de presque une année.

Sous les Almohades, Marrakech prospéra. Abd el Moumen entreprit la construction du lieu le plus célèbre de la ville, la Koutoubia. Commencée en 1153, cette mosquée fut achevée en 1190 par Yacoub el Mansour, inaugurant ainsi l'Age d'or de l'architecture almohade. La Giralda à Séville et la Tour Hassan à Rabat furent édifiées sur son modèle et eurent peut-être le (ou les) même(s) architecte(s).

La Koutoubia

Le minaret s'élève à 77 mètres de hauteur, et la mosquée couvre une superficie de 54 000 mètres carrés ; elle peut accueillir 20 000 personnes. Conformément à la tradition, elle servait, comme les autres grandes mosquées, de lieu de culte et d'école d'études coraniques. Afin de pourvoir aux besoins des étudiants, des librairies s'installèrent autour de la mosquée, d'où son nom de Kutubiyin (« les libraires »), qui se transforma ultérieurement en « Koutoubia ».

Abd el Moumen entreprit aussi l'édification du grand système défensif des murailles qui entourent la partie la plus ancienne de Marrakech. Les remparts qui existent encore, après avoir été démantelés, modifiés et améliorés par toutes les dynasties suivantes, mesurent 5 mètres de hauteur et 2 mètres de largeur et couvrent quelque 12 kilomètres.

Le minaret de la Koutoubia, dont la construction commença en 1153, servit de modèle pour la Tour Hassan de Rabat et la Giralda de Séville.

Abd el Moumen construisit aussi la Bab Agnaou, la seule porte almohade encore existante. Elle servait jadis d'accès à un palais de la même époque.

Le fils d'Abd el Moumen, Youssef (1163-1184), s'intéressait essentiellement à la philosophie et aux arts, et ceux-ci fleurirent sous son règne. C'est sous sa protection que deux des plus célèbrent penseurs de son temps, Ibn Rushid (Averroès pour les Européens) et Abu Bakr ibn Tufail (ou Abubacer) rédigèrent la majeure partie de leurs œuvres si connues. Averroès sauva Aristote de l'oubli, grâce à des commentaires que l'on admira beaucoup.

Mais les titres de gloire de Youssef ne se limitaient pas aux arts. Il mena avec succès trois campagnes contre les tribus du Nord et il se rendit deux fois en Espagne pour soumettre des princes musulmans rebelles. Il mourut en 1184, des suites de blessures reçues alors qu'il assiégeait les Portugais à Santarem ; il voulait lutter contre l'emprise des chrétiens dans les villes de Cordoue, Grenade et Malaga.

Le successeur de Youssef, Yacoub el Mansour (1184-1199), fut l'un des grands souverains de l'Histoire marocaine. Son règne coïncida avec un Age d'or. Marrakech prospéra comme jamais auparavant et devint un centre culturel de l'empire. Ecrivains, philo-sophes, théologiens, peintres, artisans, tous trouvèrent en Yacoub el Mansour un protecteur généreux et éclairé. Contrairement aux derniers souverains de la Cour almoravide, ce fut un roi juste et rigoureux, qui gagna apparemment le respect et l'admiration de tous à travers l'empire.

Ce fut aussi un grand bâtisseur. Il acheva la Koutoubia et édifia la mosquée El Mansour. Après sa victoire sur les Espagnols à Alarcos en 1195, il entreprit la construction d'une grande mosquée à Rabat. Ni celle-ci, ni son minaret (la tour Hassan) ne furent achevés, car Yacoub el Mansour mourut. On compte parmi les œuvres de cette époque les jardins de la Menara et Agdal de Marrakech.

Après la disparition de ce souverain, la faiblesse de ses successeurs permit aux Mérinides du Maroc oriental d'accéder au pouvoir à Fès. Dès le milieu du XIIIe siècle, les Mérinides avaient étendu leur domination sur la majeure partie du Maroc ; cependant, Marrakech leur résista jusqu'en septembre 1269.

La médersa ben Youssef

Les Mérinides ont bâti beaucoup d'édifices comptant parmi les plus beaux du Maroc. On leur doit surtout des médersas, ces collèges où résidaient les étudiants coraniques.

La médersa ben Youssef de Marrakech, construite sous le règne d'Abou el Hassan (1331-1351), possède la même structure que les médersas de Fès ; elle a été considérablement restaurée et modifiée sous la dynastie saadienne. Les étudiants étaient logés dans la médersa, tandis que les cours se déroulaient dans la mosquée (ceux-ci couvraient un grand nombre de sujets allant des mathématiques à l'étude du Coran).

Mais les Mérinides se consacrèrent surtout à Fès, qui bénéficia de leurs largesses. L'avance de la Reconquête chrétienne en Espagne les préoccupait et ils négligèrent le Sud. Ils laissèrent Marrakech contracter des alliances avec les tribus du Haut-Atlas. Les Mérinides et leurs cousins, les Ouattassides, durent reprendre le contrôle de la ville à plusieurs reprises, mais vers la moitié du XVe siècle, ils avaient perdu tout pouvoir effectif sur le Sud. Marrakech entra dans la mouvance de la confédération des tribus Hintatta du Haut-Atlas.

Le mausolée d'Ahmed el Mansour ed Dhabi (« le Doré », 1578-1603) et de son fils représente le sommet de l'art sous les Saadiens. Murés au XVIIe siècle et redécouverts seulement en 1916, les tombeaux laissent imaginer ce que fut la richesse des palais saadiens avant leur destruction.

La période saadienne (1511-1664)

En l'absence de tout pouvoir central fort capable de contrôler le Sud, les Portugais et les Gênois étendirent leurs activités commerciales sur la côte et dans la vallée du Souss. Inquiète devant cette expansion étrangère, la population du Souss fit appel aux Saadiens, une famille de *chorfa* de la vallée du Drâa.

Les Saadiens détenaient deux atouts qui justifiaient cette démarche. Ils s'étaient enrichis grâce au commerce de l'or transsaharien et pouvaient se glorifier de descendre du Prophète.

Conviés à prendre le pouvoir, les guerriers saadiens déferlèrent dans la vallée de Marrakech et s'emparèrent de la ville en 1524. Les Ouattassides, qui s'accrochaient encore au pouvoir à Fès, acceptèrent la domination des Saadiens sur le Maroc au sud de Tadla (près de l'actuel Beni Mellal).

C'est au XIVᵉ siècle que la dynastie des Mérinides règnant à Fès entreprit la construction des plus belles médersas du Maroc, dont la médersa ben Youssef à Marrakech. Ces établissements hébergeaient les étudiants qui poursuivaient leurs études à la mosquée toute proche.

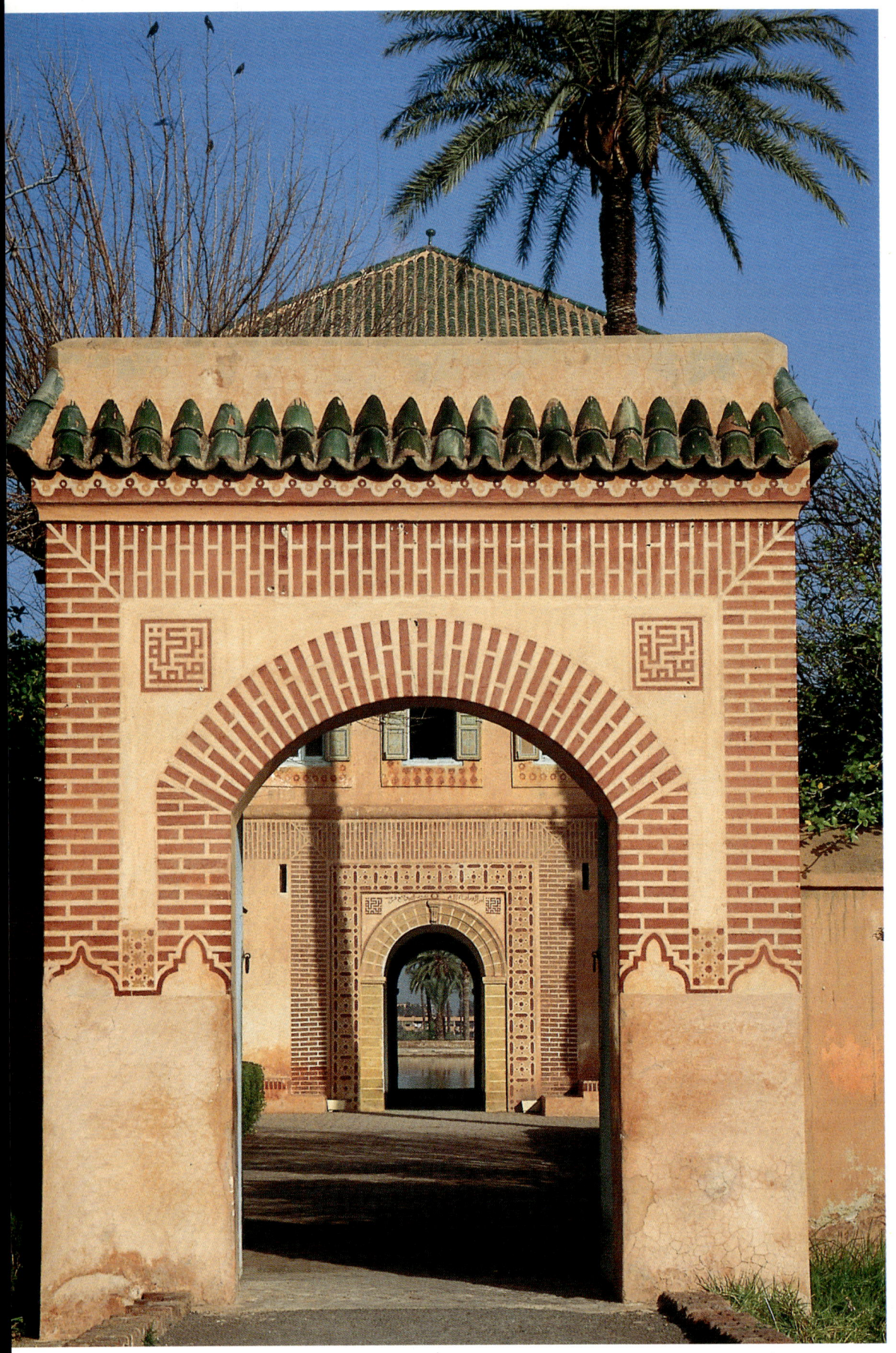

Mais les rivalités internes de la famille royale saadienne lui firent différer la réalisation de son but initial — l'expulsion des Portugais. L'Etat saadien ne prit corps qu'avec l'accession au pouvoir de Mohammed el Cheikh en 1554. Celui-ci contraignit les Portugais à évacuer Azemmour et Safi. Mais une nouvelle menace apparaissait à l'est : les Turcs.

Le règne de Mohammed el Cheikh fut de courte durée : des agents turcs, qui se prétendaient déserteurs, l'assassinèrent en 1557. La trève, au cœur de la famille saadienne, cessa quand Abd el Malik (1576-1578) s'empara du pouvoir avec l'aide de troupes turques, usurpant la place du prétendant, Mohamed el Mutawakil. Pendant le règne de Malik, l'influence turque devint prépondérante à la Cour saadienne.

Ces événements engendrèrent d'étranges alliances : le prétendant dépossédé, El Mutawakil, demanda l'aide des Portugais. Le roi Sébastien, qui cherchait à rétablir des escales commerciales sur les côtes marocaines, réalisa que l'expansion turque menaçait un tel projet. Il accompagna le sultan déchu dans le nord du Maroc, en 1578, avec quelque 125 000 soldats.

Le beau pavillon du XIXᵉ siècle et le bassin des jardins de la Ménara s'élèvent au milieu d'une grande oliveraie. Celle-ci fut créée à l'origine par les Almohades au XIIᵉ siècle.

Abd el Malik, le sultan régnant, rencontra les Portugais près de l'oued Loukos, avec une force inférieure en nombre, et il réussit à mettre en déroute les chrétiens. 26 000 Portugais furent tués ou faits prisonniers. Les trois rois périrent lors de cette sanglante bataille.

Le palais el Badi

La mort d'Abd el Malik permit l'avènement d'Ahmed el Mansour ed Dahbi (« le Doré »). Il s'ensuivit une nouvelle période de prospérité pour Marrakech. Ce fut alors qu'on édifia el Badi, « le palais incomparable ». Financé par les réparations versées par les Portugais après la bataille des Trois Rois, il s'enorgueillissait de cent fontaines. Afin d'embellir les pavillons intérieurs, cinquante tonnes de marbre de Carrare furent échangées contre un poids identique de sucre. Malheureusement, la dynastie suivante détruisit le palais et il n'en reste que ruines. Il fallut plus de dix ans pour le démolir, ce qui témoigne de son ancienne splendeur.

Les Saadiens s'enrichirent aussi en développant le commerce de l'or transsaharien ; ils y ajoutèrent ébène, plumes d'autruche, cornes de rhinocéros et esclaves. Leur influence s'étendit tout le long des routes commerciales

Le palais el Badi, construit au XVIᵉ siècle par le sultan saadien Ahmed el Mansour ed Dahbi, fut financé par les réparations versées par les Portugais après la Bataille des Trois Rois.

jusqu'à Tombouctou, où régnaient des gouverneurs choisis par eux. Après la mort du « Doré », la dynastie déclina lentement, exception faite du règne de Mohammed el Cheikh II au milieu du XVIe siècle.

Les tombeaux saadiens

Je contemple enfin l'héritage des Saadiens, lorsque je pénètre dans la cour de leurs tombeaux, par un passage étroit bordé de hauts murs. Cette entrée lui donne un air de secret et de mystère. Ce fut seulement en 1917 que l'on découvrit l'existence de la cour grâce à un relevé aérien.

La raison de ce mystère de presque trois siècles est due à un acte de mansuétude d'un grand souverain du Maroc, le sultan alaouite Moulay Ismaïl (1672-1727). Il était d'usage courant, lorsqu'une dynastie accédait au pouvoir, de détruire les monuments de la précédente, afin d'effacer toute trace de gloire antérieure. Certes, Moulay Ismaïl démolit le palais el Badi et s'empara de ses plus belles œuvres d'art pour en orner ses nouveaux palais à Meknès, mais il comprit que les tombeaux saadiens étaient d'une telle beauté qu'il ne pouvait les anéantir. Il les entoura donc de hauts murs pour les soustraire à la vue.

Double page suivante :
Un spectacle de fantasia anime traditionnellement les fêtes marocaines.

Chaque été, sur l'emplacement des ruines d'el Badi, des groupes folkloriques viennent de tout le pays pour témoigner de leur talent.

Le palais de la Bahia, construit à la fin du XIXᵉ siècle par Bou Aman, grand vizir du Sultan, fut plus tard, sous le Protectorat, la demeure du Résident général de France.

Grâce à cette mesure, les visiteurs peuvent imaginer la richesse et le raffinement des palais saadiens. Les tombeaux de marbre d'Ahmed el Mansour ed Dhabi et de ses fils s'élèvent dans un décor splendide — colonnes de marbre, voûtes en filigrane couleur crème et *mugarnas* (décorations en forme de stalactites alvéolées), reliant les mosaïques murales aux motifs géométriques et les poutres en cèdre.

La période alaouite (1664 à nos jours)

Ce fut aussi Moulay Ismaïl, le second sultan alaouite, qui rétablit l'ordre au Maroc. Les *chorfa* alaouites vivaient dans le Tafilalt, dans la vallée du Ziz, lorsque les habitants de Fès leur demandèrent de prendre le pouvoir. Moulay Ismaïl sentit que ni Fès, la capitale traditionnelle, ni Marrakech ne lui conviendraient comme capitales ; il commença à en édifier une nouvelle à Meknès. Marrakech devint une ville satellite, perdant de son importance, puisque le pouvoir se déplaçait vers le Nord.

Après le décès de Moulay Ismaïl et la rivalité opposant ses nombreux fils, le Maroc entra à nouveau dans une ère d'instabilité. Marrakech échappa au pouvoir central et le Haut-Atlas, en particulier, se morcela en petits fiefs tribaux. Ce fut seulement avec le règne de Moulay Hassan (1873-1894) que le cours des événements se concentra à nouveau sur Marrakech et le Sud marocain.

Ce fut la rencontre entre Moulay Hassan et les Glaoua dans le Haut-Atlas qui changea le cours de l'Histoire. Au cours d'une de ses expéditions régulières de collecte d'impôts (*harka*), le souverain et son imposante troupe de soldats, de serviteurs et de suivants, revenaient par les montagnes du Haut-Atlas, après une tournée désastreuse dans le Sud. Les 10 000 hommes de la *harka* s'étaient réduits à 3 000 et le sultan lui-même était malade. Le chef du clan des Glaoua offrit l'hospitalité au sultan. En remerciement de cet acte de courtoisie, il reçut plus tard le contrôle virtuel du Sud.

Moulay Hassan mourut à Marrakech peu de temps après et son grand vizir, Bou Aman, exerça le pouvoir dans l'ombre. Le vizir se fit construire le palais de la Bahia et son frère, Si Saïd, éleva le Dar Si Saïd. Le palais de la Bahia abrita le Résident général durant le Protectorat français. Dar Si Saïd est devenu un musée remarquable des Arts marocains.

Je commence mes préparatifs pour affronter les montagnes. Je déguste un café sur le balcon d'un bar dominant la place Djemaa el Fna, tout en contemplant les sommets enneigés de l'Atlas. Dans quelques heures commencera mon périple.

Pages 56 et 57 :
Majorelle s'installa à Marrakech dans les années 1920, après avoir succombé aux charmes de la cité et du Sud. Construite dans le style cubiste, sa villa présente néanmoins un certain nombre d'éléments décoratifs dans la tradition locale. Yves Saint Laurent et Pierre Bergé ont récemment restauré cette demeure.

Double page précédente :
En 1062, l'émir Youssef ben Tachfine descendit du Haut-Atlas pour fonder Marrakech. La légende veut que les noyaux de dattes, jetés par les troupes de l'émir, prirent racine et qu'ainsi naquit la palmeraie.

Un marabout, lieu où repose un saint, s'élève dans la plaine de Marrakech. Ces mausolées sont aussi des lieux de pèlerinage et nombre d'entre eux voient se dérouler des moussems chaque année. On se souvient de ces saints hommes (aussi appelés marabouts) pour les miracles qu'ils accomplirent durant leur vie, pour la grande sagesse ou le courage dont ils témoignèrent.

Les Montagnes

Je commence mon exploration des montagnes de manière inattendue. Un jeune homme rencontré dans un café me parle du moussem de Moulay Brahim, qui se déroule non loin de Marrakech et où je devrais me rendre. Je rejoins la gare routière à l'extérieur de la Bab el Rob. Quelques personnes attendent déjà. Au bout d'un moment, un autocar rouge arrive bruyamment, décharge ses voyageurs et, aussitôt, les passagers se précipitent à l'intérieur. C'est bondé et je dois rester debout, m'accrochant à la barre du filet à bagages. Cet autocar se rendant à la fête est rempli de visages souriants.

Un moussem

Le parcours d'une heure s'achève aux gorges de Moulay Brahim. Je prends mon sac sur l'épaule et suis les autres sur un chemin pierreux, à travers les forêts de pins. C'est un jour idéal pour une promenade — clair et sec — permettant une grande visibilité ; cela s'avère merveilleux au fur et à mesure que nous grimpons et que se dévoile la chaîne du Haut-Atlas : les vallées des oueds coupent les grands contreforts de la montagne verte et l'on aperçoit au loin les monts enneigés entourant la vallée de l'Ourika.

Une fois arrivés devant la ville, située sur une colline, tous s'engouffrent dans les ruelles étroites, passant devant les vendeurs en tout genre — herbes et henné, épices et colifichets, vêtements de bébé, souvenirs et nourriture... Les bâtons de marche aux couleurs vives semblent être les souvenirs les plus appréciés. Mais on trouve aussi de la poterie, de la faïence, de la quincaillerie, des serrures et des clefs — bref, tout un marché destiné à pourvoir aux besoins des visiteurs durant leur séjour.

Les festivités se déroulent dans une sorte de demi-vallon situé entre les rues commerçantes et les maisons de pierre plus anciennes du quartier résidentiel. Les constructions, bâties en pierres claires et en torchis, s'élèvent en gradins sur un fond de montagnes sombres et dénudées. De longues tentes, certaines couvertes de plastique bleu, accueillent un grand nombre de visiteurs. Sous des tentes blanches plus spacieuses, on écoute de la musique et on regarde des comédies faciles. Un homme joue du tambour en dansant dessus. Il y a là des devins qui lisent l'avenir dans la paume de la main ou dans les cartes ; des baraques où l'on peut mesurer sa force en poussant un chariot chargé sur une piste inclinée ; des stands de tir ; des distractions pour les enfants... Un spectacle marocain complexe, mêlant danse et comédie, se déroule dans un hangar métallique fermé.

Il règne une plaisante atmosphère de carnaval. Bien sûr, il ne s'agit pas d'un carnaval brésilien, mais on sent une tension érotique indéniable. On m'explique que les femmes célibataires ou veuves viennent ici pour chercher un mari. Comme dans de nombreux moussems berbères, la ségrégation entre les sexes n'existe pas.

Ces moussems attirent aussi des estropiés et des handicapés mentaux, qui espèrent une guérison miraculeuse. Une femme âgée conduit à travers les rues un arriéré mental. Un boiteux clopine de-ci, de-là...

Je suis la foule qui monte vers la *zaouïa* (ou mausolée) de Moulay Brahim, où repose le saint ; c'est un édifice aux murs chaulés de blanc et aux toits verts. Le pèlerinage sur sa tombe, les aumônes qu'on distribue, les prières qu'on prononce — tout cela rappelle les pèlerinages catholiques dans les nombreux lieux consacrés de la Chrétienté.

Double page suivante :
Les montagnes impressionnantes du Haut-Atlas s'élèvent au-dessus de la vallée de l'Ourika.

Jadis lieux d'affrontements entre clans, les villages du Haut-Atlas paraissent maintenant empreints de sérénité ; la vie s'y écoule selon le rythme berbère traditionnel.

Au col de Tizi n'Test (2 092 m), un étalage de souvenirs présente des poteries, des fossiles, des ustensiles de cuisine en argile de fabrication locale.

A seulement une heure de Marrakech, et peut-être à trois ou quatre heures du Sahara et des plages de l'Atlantique, la neige tombe sur la première station de ski du Maroc, Oukaïmeden.

Le maraboutisme

Ces moussems qu'on célèbre autour d'un saint homme constituent un trait particulier de l'Islam marocain. On voit à travers la campagne les coupoles des nombreuses *zaouïas* qui couvrent les mausolées des saints. Ces *marabouts* (mot désignant les individus autant que leurs tombeaux) sont vénérés pour maintes raisons : on célèbre quelquefois la sagesse exceptionnelle des uns ou bien encore les dons de guérisseurs des autres. En commémorant le souvenir de ces saints, les Berbères amalgament diverses traditions ; elles s'inspirent largement de l'animisme (le sacrifice d'un animal est courant au début d'un moussem), peut-être du catholicisme (souvenir de l'époque romaine dans le Nord), aussi bien que de l'Islam...

La musique, qui diffère beaucoup de celle de tradition arabe, emploie essentiellement des tambours, tels que le *bendir* et le *gannega*. Les tambours servent à créer une atmosphère ; leur rythme syncopé peut faire partie d'une danse rituelle pour les hommes ou constituer une invite pour les femmes à chanter et à danser.

Sous une tente, j'observe un trio de musiciens, alors qu'ils jouent avec la sensibilité des spectateurs qui semblent envoûtés. Le rythme des tambours s'accélérant, une jolie jeune femme vient devant ces musiciens et s'abandonne lentement à la cadence. On n'entend pas un seul cri sauvage d'encouragement ; on observe seulement des visages sobres et attentifs, tandis que la tension musicale s'accroît. Les spectateurs ne sont pas des voyeurs, simplement les témoins d'un acte magique.

La jeune femme se livre à une danse ondulante et entre dans une sorte d'extase — elle semble avoir tout oublié, hormis la musique. Elle continue pendant quelques minutes et puis, aussi soudainement qu'elle a commencé, elle s'arrête et s'écroule sur le sol pour se reposer. Après un moment, elle se lève et disparaît dans la foule.

Je fais des achats sur les marchés, m'attardant auprès d'un Berbère qui vend des djellabahs. En face de nous, un autre Berbère et son épouse tatouée, au teint pâle, proposent des bonnets de laine verte. La femme a une allure royale, toute vêtue de noir, avec les tatouages de la tribu ornant son menton. Elle est assise sur le sol dur, bien droite, et parle affaires avec un autre marchand. On m'explique que souvent les commerçants amènent leur femme pour encourager les ventes — grâce à leurs tatouages, le client connaîtra leur origine et sera ainsi rassuré.

Un Berbère et son fils acheminent le troupeau familial le long d'une piste de la vallée de l'Ourika.

Ce fut dans les montagnes du Haut-Atlas qu'Ibn Toumart, le fondateur de la dynastie Almohade (1130-1269), se réfugia lorsque les Almoravides régnants donnèrent l'ordre de l'arrêter. A partir de sa base de Tin Mal, le Mahdi prêcha pour un renouveau ascétique de l'islam. Son enseignement lui gagna de nombreux disciples ; ces moines-soldats devaient finalement conquérir le Maroc au XIIe siècle.

Le minaret de la mosquée veille sur ce village de la vallée de l'oued Nfiss, dominée au XIXe siècle, ainsi qu'une grande partie du Haut-Atlas central, par la tribu des Goundafa.

Contrairement aux casbahs fortifiées des plaines du désert, la défense des habitations de la vallée de l'oued Nfiss reposaient sur un système de for- *tifications et de plateformes d'observation sur-plombant la vallée.*

Ibn Toumart à Tin Mal

Le jour suivant, j'emprunte un taxi collectif qui se rend à Taroudant. Nous passons par Ouirgane, une plaisante ville de villégiature. Je me rends jusqu'à Taalat n'Yacoub, une petite casbah dans le Haut-Atlas. Le but de ma course aujourd'hui, c'est la mosquée de Tin Mal, située à environ un kilomètre de la ville.

Au fil des ans, je me suis passionné pour deux figures de l'Histoire marocaine, lors de mes lectures et de mes recherches. D'abord Moulay Ismaïl (1672-1727), le second sultan alaouite, et ensuite Ibn Toumart, le fondateur de la dynastie almohade.

Venir à Tin Mal représente une sorte de pèlerinage historique pour moi. C'est là qu'Abou Abdoullah Mohammed Ibn Toumart rassembla les Almohades (ou *al-muwahhidun*), créant un nouveau mouvement réformateur qui allait renverser les Almoravides. Tin Mal fut donc l'épicentre de la vague almohade et le berceau d'une des plus grandes dynasties d'Afrique du Nord.

Mais l'histoire d'Ibn Toumart commence lors de son retour, après de nombreuses années d'études à La Mecque, à Bagdad, au Caire et à Jérusalem. Quand il revint, il eut la confirmation de ce qu'il pensait : les Almoravides, les souverains régnant sur le Maroc, ne suivaient pas la vraie voie de la religion. Ils appartenaient au rite malikite, une école juridique, et reconnaissaient comme chefs religieux de l'Islam les califes abbassides de Bagdad. Ibn Toumart, par contre, professait une doctrine différente des quatre principales écoles islamiques ; de plus, il rejetait l'autorité des *fuqaha*, les juristes almoravides, qui s'appuyaient surtout sur des textes légaux secondaires pour justifier et maintenir leur pouvoir.

Il s'opposait à l'interprétation de certains passages du Coran par les Almoravides. Ces derniers croyaient en une explication littérale de ces textes qui traitaient des caractéristiques physiques de Dieu. Ibn Toumart y voyait une allégorie, permettant ainsi à Dieu de conserver sa divinité totale et son unicité. On appela donc ses disciples les *al-muwahhidun*, « ceux qui croient en l'unicité de Dieu ».

Ibn Toumart avait des conceptions rigoureuses et ascétiques, bannissant la musique et toutes formes de plaisir. Il voulait convaincre ses adeptes d'abandonner l'emploi de la raison dans leur vie religieuse. Son enseignement lui gagna de nombreux disciples dans le Haut-Atlas et plus loin encore. On le proclama *Mahdi* ou « envoyé de Dieu ». Un point essentiel de son message portait sur le prosélytisme : il fallait que les Almohades aillent convertir les autres à leur foi.

Il ne vécut pas assez longtemps pour voir s'établir le règne almohade. Mais le successeur qu'il s'était choisi, Abd el Moumen (1130-1163), fit campagne pendant les vingt ans suivants pour unifier le Maroc et répandre cette doctrine. Il réussit assez tôt à rassembler le Haut et le Moyen-Atlas, puis il s'empara du Nord. Mais ce ne fut pas avant 1147 que Marrakech, la ville fortifiée, tomba entre ses mains.

Le cadre dépouillé dans lequel

Entourée par les montagnes austères du Haut-Atlas, la mosquée de Tin Mal reste le témoignage des disciplines ascétiques prônées par Ibn Toumart. C'est tout ce qui reste de la forteresse almohade détruite par les Mérinides en 1276.

Pendant des millénaires, on s'est disputé et battu pour les précieux pâturages et les étroites parcelles cultivables bordant les rivières des vallées du Haut-Atlas. Tribus et clans s'unissaient pour former des confédérations, afin de protéger leurs terres. Une seule famille dominait généralement ces confédérations. Au XIXᵉ siècle et au début du XXᵉ siècle, trois familles contrôlèrent la majeure partie du Haut-Atlas : les Glaoua, les Goundafa et les Mtougga.

s'élève la mosquée de Tin Mal, dans la montagne, correspond bien à la discipline monastique suivie par les premiers Almohades. On imagine volontiers dans ce genre d'endroit des moines-guerriers se purifiant avant la bataille.

Tin Mal fut aussi un endroit consolateur. Quand les Mérinides prirent le pouvoir et chassèrent les Almohades de Marrakech, c'est là que se retirèrent ces derniers. Des dizaines d'années après cette défaite, les Mérinides finirent par détruire la ville, mais ils épargnèrent la mosquée.

Je retourne à Talaat n'Yacoub, témoin d'une autre page de l'Histoire marocaine. Dans la seconde moitié du XIXe siècle, la vallée de l'oued Nfiss, entre Talaat n'Yacoub et Tagoundaft, servit de place forte au clan Goundafi.

Talaat n'Yacoub

Pendant presque tout le XIXe siècle, les limites du *Makhzen* (les terres gouvernementales contrôlées par le sultan du Maroc) furent souvent un sujet de contestation. Notamment dans le Haut-Atlas, où le relief empêchait les *harkas* (les grandes campagnes de collecte d'impôts du souverain) de se déplacer facilement. Dans certains coins de cette région, des familles s'étaient taillé de véritables fiefs. Pour exercer un semblant de contrôle sur ces clans rebelles, le sultan nommait leur chef caïd de la région qu'ils contrôlaient ; il cherchait ainsi à s'assurer leur loyauté. Par contre, l'autre méthode qui consistait à envoyer périodiquement des *harkas* dans les montagnes s'avérait aussi coûteuse que dangereuse.

La famille la plus célèbre et la plus puissante de ces caïds berbères fut celle des Glaoua, qui joua un rôle capital dans les affaires marocaines au temps du Protectorat français. Elle contrôlait la majeure partie du Haut-Atlas oriental. Une autre famille importante fut celle des Mtougga qui, au moment de son apogée, domina une grande partie du Haut-Atlas, à l'ouest des terres du clan Goundafi.

Les Goundafa

Les Goundafa, enclavés entre les terres des Glaoua et des Mtougga, furent finalement étouffés par leurs voisins. Mais, pendant la seconde moitié du XIXe siècle, ils contrôlèrent une grande partie du centre de la chaîne du Haut-Atlas.

Les Goundafa étaient originaires du Sud, particulièrement des montagnes de l'Anti-Atlas. Ils s'installèrent le long de l'oued Nfiss, près de Talaat n'Yacoub, et ils accrurent progressivement leur pouvoir et leur influence. Chose surprenante, le fondateur moderne du clan fut un maître d'école villageois, du nom de Si Ahmed n'Aït Lhassen. En 1875, il avait étendu le contrôle de sa famille sur une partie de la vallée du Nfiss et il détenait la casbah de Tagoundaft.

Cette expansion provoqua la colère du sultan, qui envoya des soldats pour soumettre les Goundafa. Les troupes du *Makhzen* détruisirent tout sur leur passage, à l'exception de la casbah de Tagoundaft qui restait imprenable. Cette résistance permit une accalmie. Le problème fut résolu quand Si Ahmed fut nommé caïd local.

Après la mort de Si Ahmed en 1885, son fils, Si Tayyeb, accrut considérablement les terres Goundafa, s'aventurant même dans la riche vallée du

Une piste traverse ce plateau du Haut-Atlas. Un certain nombre de villages sont maintenant accessibles par route ou par piste ; mais il en reste beaucoup d'autres qu'on ne peut atteindre qu'à dos de mulet.

Souss. Sous le Protectorat français, l'administration le récompensa d'avoir pacifié les tribus du Sud en le nommant pacha de Tiznit et en lui accordant le commandement du Souss. En reconnaissance des services rendus, le général Lyautey le nomma grand officier de la Légion d'Honneur en 1920.

A cette époque, l'hospitalité de Si Tayyeb devint proverbiale. Il organisait régulièrement des fêtes réunissant plusieurs centaines de personnes et même le mendiant le plus pauvre n'était pas éconduit s'il demandait à manger. Si Tayyeb entretenait une écurie de chevaux, que l'on croyait être l'une des meilleures du pays, sinon du monde. La casbah de Talaat n'Yacoub s'enrichit et on prétendait que le harem se composait de plusieurs centaines de femmes.

Les casbahs des Goundafa différaient par leur style des casbahs lourdement fortifiées des Glaoua ou de celles des Berbères du Sud, qui comportaient remparts et tourelles d'angle. Le clan Goundafi vivait en fait dans des demeures peu protégées, car il comptait sur un système de forts, construits sur les hautes collines surplombant l'oued Nfiss. Ces derniers servaient de postes d'observation et de défense pour toute la vallée. A cause des pluies et des neiges fréquentes, la casbah de Tagoundaft était construite en brique, au lieu du traditionnel pisé utilisé partout ailleurs. Elle comptait davantage sur sa situation naturelle que sur toute autre fortification construite aux alentours. Bien qu'aujourd'hui en ruine, elle offre toujours une vue majestueuse sur la vallée.

Certaines régions sont tellement isolées qu'on ne peut les atteindre qu'avec un véhicule 4 × 4 ou à dos de mulet.

Le Haut-Atlas représente un rêve pour le géologue amateur. On y trouve améthystes et topazes, minerais de cobalt et quartz, roses des sables et fossiles.

Achevée en 1928, la route Marrakech-Ouarzazate s'élève jusqu'au col de Tizi n'Tichka, avant de plonger vers le désert du Sahara.

Après Tagoundaft, la route monte jusqu'au col de Tizi n'Test, à 2 092 mètres, puis plonge dans la vallée du Souss par une série de montagnes russes. Tout le long du chemin, le paysage est magnifique et j'ai envie de changer mon itinéraire ; je décide finalement de rester dans les montagnes.

La route suit le fond de la vallée et s'arrête à Imlil. Il faut gagner à pied la destination finale, car le jbel Toubkal (4 165 mètres), la montagne la plus élevée du Haut-Atlas et du Maroc, se dresse non loin de là. C'est le centre de la chaîne du Haut-Atlas, bien que neuf autres sommets dépassent les 4 000 mètres. Toute la région autour du site est devenue parc national. En été, quelques touristes entreprennent son escalade, fort intéressante. Des refuges jalonnent le chemin et tout un système de pistes facilite l'ascension, mais il est recommandé de faire appel à des guides locaux.

Comme c'est l'hiver, je dois me contenter des vues spectaculaires et d'une exploration des alentours d'Imlil. Ensuite, je retourne à Marrakech louer une voiture, afin de poursuivre mon exploration des autres vallées.

J'adore les voyages en train et en autocar à cause des rencontres que j'y fais mais, dans certaines circonstances, une voiture représente le meilleur moyen pour découvrir le Sud. Suivre les routes moins fréquentées avec une Renault 4 (ou une voiture du même type), conduire dans l'Atlas et dans les déserts — tout cela représente un plaisir sans égal et permet de parcourir le pays à son propre rythme.

Une fois la voiture louée à Marrakech, j'abandonne la ville et retourne vers les montagnes. Quatre routes principales conduisent de Marrakech à l'Atlas. La plus à l'ouest mène à Amizmiz ; une autre traverse l'Atlas via Asni (la route « Goundafi » déjà décrite) ; une troisième conduit dans la vallée de l'Ourika et aux stations de ski ; quant à la quatrième, elle serpente jusqu'au col de Tizi n'Tichka (2 260 mètres) avant de plonger vers le désert et Ouarzazate.

Délaissant la route passant par Asni que je viens de prendre, je décide d'emprunter la route de la vallée de l'Ourika, réputée être l'une des plus belles du Haut-Atlas. Alors que la route progresse le long de l'oued, on approche certains des sommets les plus élevés de la chaîne.

La vallée est cultivée intensivement. Arbres fruitiers et amandiers abondent. Les maisons, construites en pierre et en torchis rouge, surplombent les escarpements. Tout est calme et serein. La route s'achève à Setti Fatma, d'où l'on peut faire des excursions, mais je fais demi-tour et passe la nuit dans un petit hôtel. Je me contente d'une promenade le long de la route et d'un repas dans un café local.

Le matin suivant, je gagne Oukaïmeden, la première station de ski du Maroc. L'atmosphère est nettement alpestre et les hôtels sont construits dans le style des chalets. Pendant la saison des sports d'hiver, de décembre à avril, la ville s'anime avec les skieurs.

Un minaret s'élève d'une simple mosquée, sur la route de Tizi n'Tichka.

Pratiquer ce sport en Afrique, à quelques heures d'auto du Sahara, constitue une nouveauté qui attire les visiteurs sur les pistes.

En quelques heures, je retrouve la chaleur idéale des plaines de Marrakech, après avoir quitté les montagnes que je retrouverais plus tard lors de mon voyage vers Ouarzazate et le Sahara.

La route de Ouarzazate

Après avoir quitté Marrakech, la route s'élève graduellement, tandis que la chaîne du Haut-Atlas se profile à l'horizon. Elle traverse des oliveraies et des vergers, puis commence à escalader les contreforts. La plaine de Marrakech disparaît à la vue quand la route se faufile dans les montagnes. Le long des cours d'eau s'accrochent des villages aux maisons de pierre et de torchis, couvertes de toits plats. Des gerbes de blé brillent comme de l'or sur le gris des toits. De petits champs en terrasses, soigneusement découpés, s'accrochent à flanc de coteau, jusqu'au point ultime où on peut les arroser. Les femmes et les enfants berbères rehaussent leurs robes noires de rose et de jaune vif. Dans les sites pittoresques se dresse souvent une boutique où l'on vend des fossiles, des morceaux de topaze et d'améthyste, des sculptures et des poteries, et parfois les noix poussant dans la vallée. Fréquemment, de jeunes malins apparaissent sur les bas-côtés, faisant miroiter des morceaux de pierre rouge sang ou vert émeraude... couleurs qui n'existent pas à l'état naturel !

Tizi n'Tichka

La route s'élève brutalement, jouant les montagnes russes, jusqu'au col de Tizi n'Tichka. Cela devient une promenade périlleuse, car cette route franchit une gorge et des crêtes.

Lorsque je me retourne pour apprécier le chemin parcouru, j'aperçois en bas la petite vallée de l'oued et des enfants gardant des vaches. A la fin de l'automne, les collines prennent une teinte rouge, avec de-ci de-là la tache vert sombre des arbres et des buissons. En été, ces collines deviennent grises ; la vallée de l'oued ressemble alors à un serpent vert qui se faufile à travers ces montagnes cendrées.

Sur une étendue plate, des chèvres broutent des touffes d'herbe ; la route descend, accidentée comme à la montée. Des chênes et des genévriers, battus par le vent et échevelés, apportent une note de vert à ces montagnes teintées de rouge, de pourpre et d'ivoire. Autrefois, la majeure partie de l'Atlas était couverte de genévriers, mais elle est souvent nue maintenant, car on l'a déboisée pour répondre aux besoins en chauffage.

Avant l'achèvement de la route par des ingénieurs français en 1928, un étroit sentier constituait le seul moyen d'accès au Sud, à travers les montagnes. Pendant la seconde moitié du XIX⁰ siècle et jusqu'au début du XX⁰, cette voie fut contrôlée par les Glaoua — ce clan berbère qui allait jouer un rôle capital, sinon néfaste selon certains, dans la vie politique du Maroc.

Telouet

Telouet se trouve au cœur de l'ancien grand domaine des Glaoua. Peu après le col, je tourne pour descendre dans une vallée et je longe le lit d'un oued asséché. De petits villages sont juchés sur les flancs de la montagne ou se blotissent dans une courbe de la rivière. Un minaret bleu et blanc, surprenant, se détache sur les montagnes rouges. Apparemment, les dernières pluies ont été très fortes, car des équipes d'entretien réparent plusieurs parties emportées de la chaussée. Dans les lits des oueds, on découvre l'une des bases initiales de la richesse des Glaoua — des plaques blanches de sel apparaissent au milieu de l'herbe verte dans un marais bordant la route.

La vallée s'élargit et les montagnes prennent des teintes pastel d'ocre et de violet. Au loin, se dresse la casbah Glaoui de Telouet, de taille impressionnante bien qu'en ruine. Elle diffère des casbahs du Sud, car elle mêle des éléments d'architecture européenne aux aspects traditionnels des casbahs et des ksour berbères.

Il faut maintenant préciser ce qui différencie le *ksar* de la *casbah*. Un ksar

On se livre à une culture intensive dans les champs en terrasse bordant les rivières des vallées du Haut-Atlas ; on y fait pousser de l'orge, du blé, des fruits, des noix et des légumes.

Double page suivante :
C'est en 1860 que fut commencée la construction du palais des Glaoua à Telouet, sur le site d'une ancienne casbah. Il fut considérablement agrandi au cours du demi-siècle durant lequel les Glaoua détinrent un pouvoir prestigieux dans le Sud.

Ces derniers, ayant comploté contre la Couronne, furent dépouillés de leurs terres après l'Indépendance. Ils ne furent plus en mesure d'entretenir leur demeure ancestrale et, depuis 1960, la casbah de Telouet est en grande partie abandonnée.

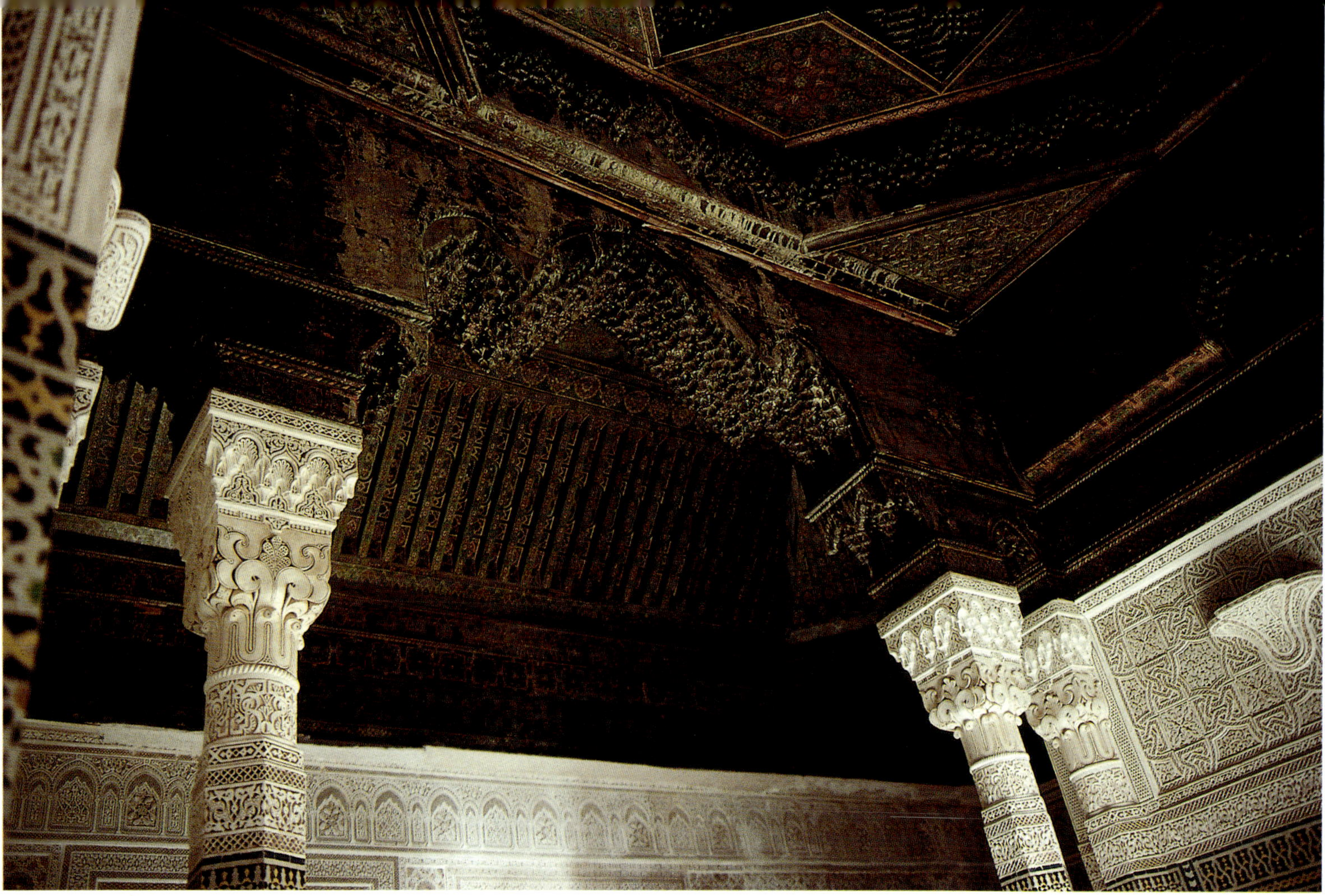

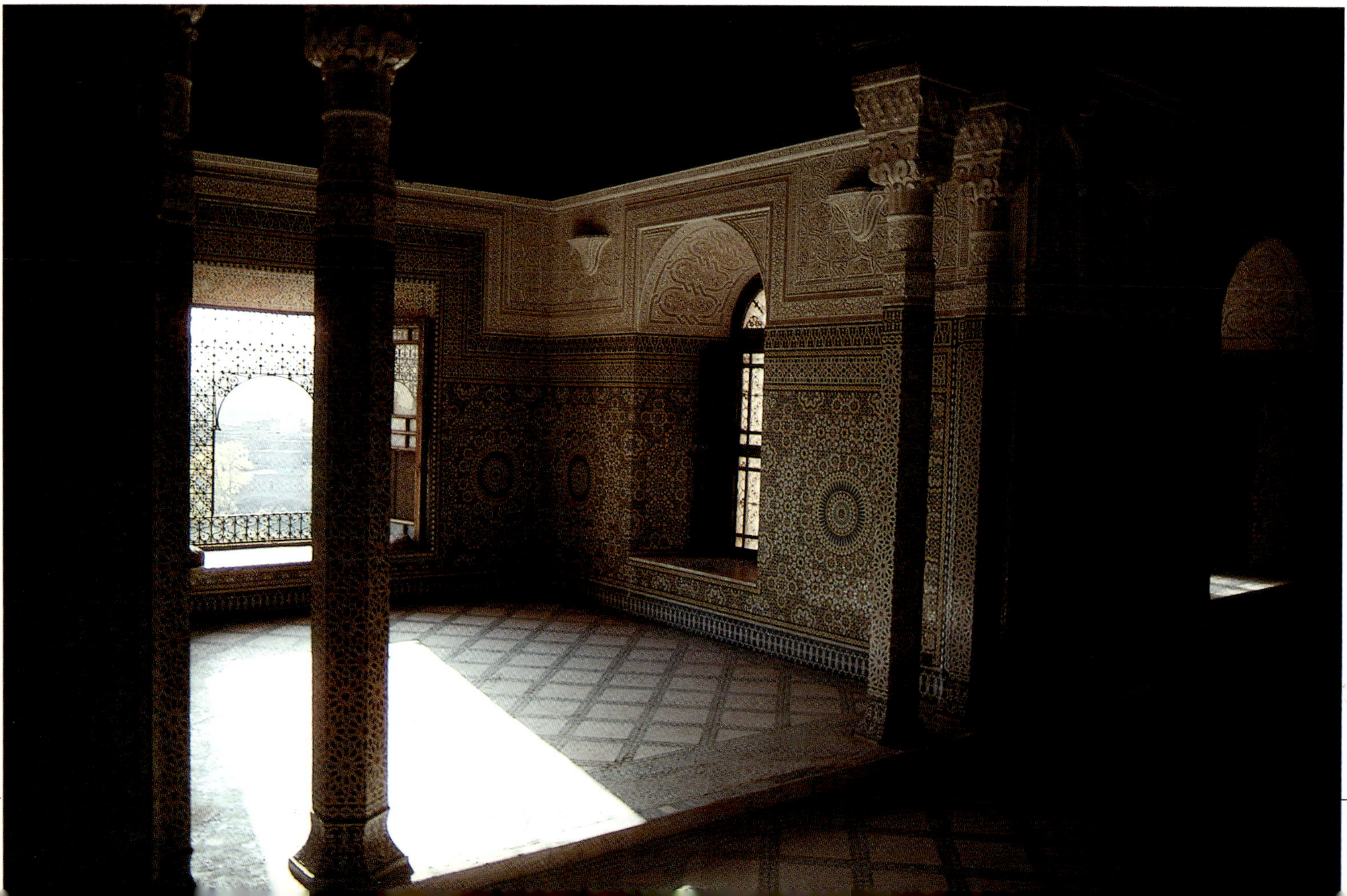

est une ville entourée de murailles, qui protègent des familles vivant ensemble, mais pas forcément apparentées. Une casbah est une imposante structure carrée, qui ressemble à un château, et qui servait de résidence au chef d'un clan. Mais cette notion s'étend aux maisons avoisinantes où vivaient les parents, les serviteurs et les esclaves du chef. On emploie souvent à tort ces deux termes et, dans certains sites, la distinction est confuse. Il faut différencier la « casbah » — le domaine exclusif de la famille — du « ksar » (« ksour » au pluriel) — la ville fortifiée où s'abritent des personnes appartenant à différentes familles.

Commencée en 1860 par Si Mohammed ben Hammou, à côté d'une casbah plus ancienne (les premières ayant presque complètement disparu), la casbah de Telouet se compose d'une juxtaposition de bâtiments — diverses parties ayant été ajoutées, la fortune et le pouvoir des Glaoua s'accroissant.

La richesse des Glaoua reposait sur trois sources de revenus : l'impôt payé par les tribus qu'ils dominaient, les taxes acquittées par les caravanes franchissant le col de Tizi n'Tichka (« le col du Glaoui ») ; et enfin le sel. Les montagnes se dressant derrière la casbah regorgent de sel. Bien qu'il ait perdu de sa valeur maintenant, c'était une denrée fort prisée au Soudan et en Afrique occidentale au siècle dernier.

Madani et Thami el Glaoui

Dans cette « nouvelle » casbah naquirent deux hommes, qui allaient être les artisans d'une puissance accrue pour le clan Glaoui. En 1866, une Éthiopienne, du nom de Zora, donna un fils à Si Mohammed ben Hammou. Puis en 1879, Zora accoucha d'un autre fils, Thami. Ces deux derniers allaient finir par jouer un rôle prépondérant dans le déroulement des affaires du pays, au XXᵉ siècle.

Telouet acquit sa réputation en 1893, quand le sultan Moulay Hassan y séjourna deux semaines, en revenant du Tafilalt. Les *harkas* (les « incendiaires » en arabe) frappaient de terreur les tribus montagnardes. Elles comprenaient plus de 10 000 soldats, parmi lesquels de nombreux cavaliers ; s'y ajoutaient la suite du sultan, sa famille, son harem et les gens qui appartenaient à l'expédition — les marchands qui approvisionnaient cette grande ville mobile, les serviteurs qui montaient et démontaient les nombreuses tentes, les cuisiniers, les esclaves et enfin les vagabonds habituels... Non seulement les tribus du Haut-Atlas redoutaient la vaillance de ces farouches soldats, mais elles appréhendaient aussi, en plus des impôts à payer, le fait d'avoir à nourrir les dix mille bouches de la *harka*.

Walter Harris, un correspondant du « London Times », décrit dans son livre « Le Maroc tel qu'il était » une *harka* à la fin du XIXᵉ siècle, alors qu'elle traversait le *Bled el Siba* (les terres de la dissidence) :

« L'avant-garde se compose d'un détachement de cavalerie, avec, à l'avant, les porte-étendards, arborant des oriflammes de toutes les couleurs, aux hampes surmontées de boules brillantes. Puis vient l'artillerie, dont les armes sont portées à dos de mulet. Suit un corps d'infanterie montée. Deux hommes à cheval, tenant de longues lances effilées, précèdent les chevaux que l'on conduit. Cinq ou six chevaux sont revêtus de riches soieries — ils forment toujours un des spectacles de la procession. Le Grand Maître de cérémonies, un homme sombre de belle prestance, bâton de commandement à la main, chevauche seul. Et puis, environ quarante mètres après, apparaît le Sultan, une silhouette blanche solitaire, à cheval. A ses côtés courent des nègres, agitant des chasse-mouches de soie blanche, pour éloigner la poussière et les insectes de sa sainte personne. Immédiatement derrière Sa Majesté, vient un soldat à cheval, tenant haut le parasol impérial cramoisi et or, pour protéger le souverain des rayons du soleil. Le palanquin rouge, porté par de solides mulets, suit et derrière s'étire la longue cohorte des

Double page précédente :
Alors qu'ils acquéraient davantage de puissance et de richesse au début du XXᵉ siècle, les Glaoua édifièrent ou restaurèrent des casbahs dans tout l'Atlas et dans les vallées du Drâa et du Dadès. Ils firent venir des artisans de Fès et de Marra-

kech pour embellir salles de réception et salles à manger dans la demeure ancestrale de Telouet. On doit à ces derniers une décoration exquise : sculptures, stucs, céramiques, ferronneries et sols de marbre richement travaillés.

Pendant des siècles, la récolte du sel dans les montagnes s'élevant derrière Telouet représenta la principale industrie du pays. On échangeait le sel dans les pays d'Afrique Noire — où il manquait de manière chronique — contre de l'or, de la gomme arabique, des plumes d'autruche et des esclaves.

porteurs de bannières en soie brochée, ornées de fil d'or, et aux hampes surmontées de boules dorées. Juste derrière les drapeaux arrivent les vizirs et les hauts fonctionnaires de l'État, suivis par la foule des petits commis, des soldats, des esclaves noirs et des membres de tribus originaires de tout le Maroc. »

Cela décrit à merveille une *harka* impériale dans toute sa splendeur. Mais celle qui arriva à Telouet en 1893 était ravagée par la faim et décimée par les tribus hostiles. L'armée du sultan s'était réduite à quelque 3 000 hommes et le souverain lui-même était proche de la mort.

Apprenant la venue du sultan, Madani et Thami el Glaoui rassemblèrent une grande quantité de moutons et de chèvres pour nourrir la *harka*, ainsi qu'un nombre important de mulets et de chevaux destinés à servir de cadeaux.

Au cours d'une scène désormais célèbre, Madani se prosterna devant le sultan, son front touchant le sol couvert de neige, et il réitéra son invitation avec l'humilité voulue. Le sultan l'accepta et fut bientôt accueilli et fêté dans la casbah de Telouet.

Pour remercier les Glaoua de leur hospitalité, le sultan nomma Madani *khalifa* (son représentant personnel) ; cela donnait à ce dernier tout pouvoir sur les tribus du Haut-Atlas et du Sahara, ainsi que le contrôle du riche Tafilalt. En outre, le sultan laissa des armes modernes et des munitions, ainsi qu'un canon Krupp en bronze de 77 mm.

Cette rencontre, qui devait s'avérer décisive, marqua une nouvelle étape dans l'accession au pouvoir des Glaoua. Avec leurs nouvelles armes et leur canon-talisman (on lui attribuait des pouvoirs surnaturels), ils devinrent la tribu la plus redoutée du Sud marocain. Le domaine qu'on leur reconnaissait officiellement s'étendait de l'Atlas aux plaines du désert. Ils furent donc amenés à jouer un rôle capital dans la vie politique du Sud, au XXᵉ siècle, notamment lors de leur collaboration avec les Français pendant le Protectorat.

Pour pénétrer dans la casbah, on m'ouvre une grande porte renforcée à l'aide d'une clef de quelque 25 centimètres de long — je pénètre dans une cour pavée de larges pierres. Jadis, des danses berbères s'y déroulaient sous le regard des Glaoua installés à un balcon, au premier étage de l'édifice. Le balcon réservé aux favorites est encore intact.

Tout autour de la cour, les pièces s'effondrent, car la casbah disparaît lentement sous l'action de la pluie. Je parcours plusieurs couloirs, à l'aspect sobre mais élégant, qui semblent résister aux intempéries, puis je pénètre dans une suite de pièces de réception. Elles sont richement décorées de superbes faïences, de *mugarnas* raffinés en stuc filigranés (dus aux artisans de Fès), de poutres en cèdre sculptées et peintes et de sols aux pavés verts et orangés (créés par les artisans de Marrakech). Des fenêtres vitrées et ornées de fer forgé, donnant sur la verdure apaisante, dispensent une agréable lumière. Il existe une salle à manger séparée pour les hommes et les femmes, une partie centrale destinée aux réceptions et une pièce réservée aux favorites. Autrefois, tapis et meubles embellissaient les intérieurs.

Je déambule sur les toits de la casbah, enjambant prudemment les trous. Certains plafonds se sont complètement effondrés, d'autres commencent à ployer. Manifestement, la casbah fut autrefois une magnifique demeure, aussi ma première question est-elle de demander pourquoi on laisse tomber en ruine une telle œuvre du patrimoine marocain. Je répéterai cette question plusieurs fois, en voyant d'autres casbahs à l'abandon dans certains coins du désert.

La réponse est complexe et dépend beaucoup de l'Histoire locale. Pendant le Protectorat français, les Glaoua acquirent davantage de pouvoir, car ils représentaient les occupants, lesquels les utilisaient dans la pacification des tribus du Sud. Le refus du sultan Mohammed V de collaborer avec les Français concrétisa les aspirations à l'indépendance des Marocains et les Glaoua devinrent alors les adversaires du souverain et du mouvement nationaliste. Thami el Glaoui œuvra avec les Français pour exiler le sultan en août 1953 ; il prétendit que ce dernier représentait seulement l'*Istiqlal* (mouvement indépendantiste), mais pas le Maroc.

Quand il apparut que la majeure partie des Marocains voulaient l'indépendance et le retour d'exil de leur cher souverain Mohammed V, Thami el Glaoui changea d'attitude et réclama aussi son retour. Il finit par implorer le pardon de Mohammed V, à genoux, le front aux pieds du sultan, tout comme son frère l'avait fait lorsqu'il

Un groupe de Berbères s'arrête pour faire boire ses mulets dans un ruisseau du Haut-Atlas. Ces animaux restent encore le moyen de transport le plus pratique pour de nombreux villages dans la montagne.

avait invité le sultan Moulay Hassan à Telouet.

Mohammed V accorda son pardon à Thami el Glaoui, rappelant avec bienveillance que tous devaient participer à l'édification d'une nation indépendante. Mais en quelques années, les Glaoua perdirent le pouvoir et la richesse qu'ils avaient acquis avec tant d'ambition au fil du temps. On vendit ce que contenaient les casbahs et l'État confisqua toutes les terres. En 1960, Telouet était en grande partie abandonné. L'argent nécessaire pour entretenir son millier d'habitants faisant défaut, ceux-ci partirent et la casbah commença à s'écrouler.

Il est navrant sur le plan culturel et artistique que de tels monuments soient voués à l'abandon. Cependant, un étudiant marocain, rencontré par la suite, me déclarera avec énergie : « Pourquoi entretenir ces endroits ? Pour les touristes ? Ils sont pittoresques, mais les conditions de vie y demeurent primitives, excepté pour les riches. En outre, le Maroc a besoin de davantage de logements, de routes, d'écoles, de travaux publics de toutes sortes. Il s'agit d'une question de priorités. »

Aussi, alors que je vais gagner les terres chaudes du désert, je contemple la grandeur passée de la casbah de Telouet et, tout en convenant qu'il existe d'autres priorités pour le Maroc, j'éprouve cette vague tristesse qui m'envahit dans les endroits à l'abandon. Je m'attarde un moment, mais l'air de la montagne se rafraîchit et je quitte rapidement la vallée de Telouet. Tournant à gauche, j'emprunte la route menant au désert et aux oasis du Sahara.

Le désert et les oasis

Tous, pour ainsi dire, répondent de manière ambiguë à la sollicitation du désert — à la fois par la fascination et la peur —, tout simplement peut-être parce qu'il est à la fois beau et rude. Le Sahara demeure encore un endroit immense et mytérieux. Avec sa beauté primitive et austère, il attire et il repousse. Si le voyageur reste assez longtemps dans le désert, il découvrira que c'est aussi un lieu où il faut « faire face ». J'entends par là que les paysages du désert appellent tôt ou tard une réflexion profonde en chacun. On comprend pourquoi trois des grandes religions du monde y sont nées.

Dans son livre « Leurs têtes sont vertes et leurs mains sont bleues », Paul Bowles, un auteur américain expatrié qui vit au Maroc depuis plus de quarante ans, décrit ce « baptême de la solitude » que l'on ressent lorsqu'on pénètre dans le Sahara :

« Vous laissez la porte du fort ou de la ville derrière vous, dépassez les chameaux qui reposent allongés à l'extérieur, escaladez les dunes ou gagnez la plaine dure et caillouteuse et vous restez là, seul, pendant un moment. Et alors, vous allez frissonner et vous hâter de regagner l'abri des murs, ou vous allez demeurer là et quelque chose de très particulier va vous arriver — quelque chose qu'ont éprouvé tous ceux qui vivent là, et que les Français appellent le '' baptême de la solitude ''. C'est une sensation unique et cela n'a rien à voir avec la solitude, car celle-ci présuppose une mémoire... Un étrange processus de réintégration s'opère en vous, nullement agréable. Vous pouvez choisir de le combattre et de vouloir rester la personne que vous avez toujours été, ou vous le laissez s'emparer de vous. Après avoir séjourné dans le Sahara un certain temps, personne ne revient identique à ce qu'il était auparavant. »

Je ne veux pas amener le voyageur à redouter un itinéraire qui lui inspirerait de la crainte ou lui demanderait une profonde réflexion. Bien sûr, on peut apprécier les provinces sahariennes du Maroc sans éprouver cet effroi du désert. De bonnes routes le traversent en ligne droite, reliant les oasis, et elles sont assez fréquentées durant le jour. Il existe une chaîne de « Grands Hôtels du Sud », situés dans les principaux endroits touristiques et parfois dans des lieux inattendus ; ils sont espacés de telle manière qu'on peut se rendre aisément de l'un à l'autre. Aussi n'a-t-on pas besoin d'être un ascète pour apprécier le désert ; on jouira tout simplement de son air chaud et sec et de ses magnifiques paysages — tout cela fort facilement, en restant au bord de la piscine de l'hôtel, un verre de jus d'orange à la main.

Ouarzazate

Pour descendre des montagnes, il faut traverser des hauteurs arides et dures, sauf lorsque des arbres bordent et ombragent la route. Située au point d'intersection du désert et des montagnes, voici Ouarzazate, une ville agréable devenue un important lieu touristique. Malgré l'existence de quelques casbahs plus anciennes dans les environs, elle donne l'aspect d'une ville très moderne, ce qui s'avère exact.

Ville de garnison fondée en 1928, elle répondait à l'effort de pacification que les Français menaient à l'encontre des tribus locales. Au début, elle ressemblait à un poste de la Légion Étrangère ; elle se composait d'une caserne et de bâtiments administratifs, qu'entouraient de hauts murs. L'implantation de ce poste ne résultait pas du hasard : il était situé au croisement de la route de Tizi n'Tichka (achevée en 1928) et de celles menant à l'est vers le Tafilalt, à l'ouest vers la

On croit que les cigognes qui nichent sur les toits des maisons portent bonheur.

Pages 99 à 103 :
La casbah de Taourirt, à Ouarzazate, est l'un des exemples les mieux conservés de l'architecture glaoui. Jadis siège d'un khalifa glaoui, elle hébergeait 1 500 personnes. On comptait parmi celles-ci de petits fonctionnaires, un harem, des serviteurs et des esclaves.

côte, et au sud vers Zagora et les provinces sahariennes.

Si deux grandes casbahs Glaoua se dressaient sur l'oued Ouarzazate, presque en vue l'une de l'autre, cela ne relevait pas d'une coïncidence. A cette époque, les Gloua et les Français avaient décidé de collaborer pour pacifier les tribus du Sud. La route reliait en effet Marrakech aux places Glaoua — Telouet, la forteresse montagnarde, et Taourirt, la casbah du désert.

A l'origine, le fort français de Ouarzazate se trouvait à plus d'un kilomètre de la casbah de Taourirt, mais la ville s'est tellement agrandie que les deux casbahs Glaoua — Taourirt et Tiffoultout — se trouvent maintenant en bordure de l'agglomération. Ouarzazate constitue à la fois un centre touristique et administratif, un nœud de communications, ainsi qu'un des lieux de l'industrie cinématographique.

Taourirt

Par bonheur, Taourirt est une casbah bien conservée. La restauration et l'entretien des bâtiments centraux, où se trouvaient les appartements du *khalifa*, leur ont épargné la triste décrépitude que connaissent d'autres sites. Cette casbah d'aspect massif hébergeait autrefois 1 500 personnes.

On accède aux appartements du *khalifa* par une cour, sur laquelle veille dans un coin un canon Krupp. Puis des escaliers étroits conduisent à des pièces étonnamment modestes. Les murs porteurs, qui suggéraient de grands espaces intérieurs, occupaient en fait presque toute la place. On ne retrouve pas ici la grandeur de Telouet. Les tapis devaient donner toute la couleur et la richesse à ces pièces.

Une pièce destinée aux favorites est peinte dans des teintes végétales. Elle offre par des grilles de fer forgé une vue discrète sur la cour, où l'on exécutait de la musique et des danses. Des plafonds peints constituent la partie la plus décorée des lieux. Tout en haut de l'édifice, on découvre une salle à manger, ornée de faïences aux tons indigo et safran.

Au-delà des appartements du *khalifa* existait toute une ville où vivaient les membres du clan Glaoui, leurs serviteurs, leurs protégés, des ouvriers et des bergers ainsi que plusieurs familles juives qui exerçaient les fonctions

Ci-contre et page 105 :
Du temps de sa splendeur, le Khalifa de Taourirt a certainement invité les groupes berbères de la région, les Ahouach, à se produire dans la cour de la casbah. Les femmes pouvaient assister au spectacle du haut des appartements de l'étage.

d'orfèvres, de tailleurs et de barbiers. Aujourd'hui encore, des familles vivent dans la casbah et beaucoup de « châteaux » sont bien entretenus.

On ne connaît pas bien l'histoire de Taourirt. Les autochtones pensent que ce lieu remonte à plus de trois cents ans. Les Glaoua en prirent possession vers 1870 et beaucoup de caractéristiques architecturales le prouvent. Les murs sont bâtis en pisé (la terre et la pierre que l'on trouvait sur place), aussi s'érodent-ils sous l'action des pluies printanières. Cela explique l'état de décrépitude des autres casbahs : si elles ne sont pas constamment entretenues et restaurées, les pluies emportent tout simplement les constructions en pisé.

Tiffoultout

Tiffoultout, situé dans le nord de Ouarzazate et sur la route du Sud conduisant à la vallée du Drâa, a davantage souffert. Dans un décor impressionnant, surplombant l'oued Ouarzazate, s'élèvent les remparts et les fortifications en ruine des anciens appartements du *khalifa*. Malgré l'état de décrépitude des bâtiments alentour, les pièces centrales sont soigneusement entretenues, car elles servent d'annexe pour les clients de l'hôtel. La casbah se transforma en hôtel au début des années 1950 pour héberger une équipe de cinéastes français, puis on la remit en état aux environs de 1960

pour l'équipe qui tourna « Lawrence d'Arabie ». Un restaurant, perché tout en haut, offre des vues fabuleuses sur l'oued, les plaines et les montagnes à l'horizon. Des cinéastes et des touristes le fréquentent encore, car ses dîners « mauresques » ont bonne réputation.

On ne sera pas surpris d'apprendre que les bureaux locaux de l'Atlas Corporation Studios ne se trouvent pas loin de Tiffoultout. Je m'y arrête et je convaincs le gardien de me les laisser visiter. J'embrasse du regard l'ensemble des bâtiments et de la grande cour entourée de murs. Parmi les vestiges amusants des films tournés récemment, on voit le fuselage d'un avion de chasse utilisé dans « le Diamant du Nil » et huit camions militaires détruits

lors du film de James Bond « Tuer n'est pas jouer ». Dans un coin, apparaissent de gigantesques os de dinosaures en fibre de verre, des morceaux de décors, notamment ces énormes blocs de « pierre » que les héros bibliques élèvent au-dessus de leur tête avant de les projeter sur leurs ennemis.

Aït ben Haddou

Aït ben Haddou, à quelques kilomètres de Ouarzazate, s'avère être un des villages les plus photogéniques de tout le Maroc.

La route s'y rendant s'éloigne perpendiculairement de la grand'route Marrakech-Ouarzazate et suit l'oued Iounil. Sur la rive opposée plusieurs ksour, tombant en ruine et fort pittoresques, se découpent en rouge-brun sur la trouée verte de l'oued qui traverse les collines du désert.

La route monte et le village disparaît de la vue, puis l'on gagne une crête d'où l'on découvre, comme à l'aide d'une caméra mobile, les tours des casbahs de Aït ben Haddou sur la rive opposée de l'oued. Les casbahs et leurs dépendances, d'un rouge sombre, cernent le flanc d'une colline rose et brun. Cela compose un tableau éblouissant et vous ressentez immédiatement l'excitation éprouvée par les découvreurs de sites cinématographiques. Aït ben Haddou n'a-t-il pas servi de décor pour « Lawrence d'Arabie », dans la scène du raid de la cavalerie arabe sur la garnison turque d'Aqaba (aujourd'hui en Jordanie) ?

Tiffoultout, une autre casbah glaoui située sur l'oued Ouarzazate, est maintenant transformée en restaurant et en annexe d'hôtel.

Les casbahs sont souvent décorées d'élégants des-
sins tracés dans le pisé.

*Aït ben Haddou est située au nord de Ouarza-
zate. C'est un assemblage de casbahs authenti-
quement berbères, dont les hauts murs et les tours
élancées jouaient jadis un rôle défensif.*

Les décorateurs d'un film plus récent, « le Diamant du Nil », ont créé ces remparts qui descendent jusqu'au lit de l'oued et qu'un avion de combat a défoncé pour les besoins du film. Ce genre de « rajouts », dus au cinéma, et conservés en l'état, vous paraissent absurdes quand vous êtes sur place, car Aït ben Haddou ne fut jamais pourvu d'une telle enceinte ! Initialement, la bourgade n'était qu'un assemblage de casbahs et elle comptait sur les murs épais et les tours de ces dernières pour se défendre.

Il s'agit là de merveilleuses casbahs ! On en dénombre quatre principales, au pied de la colline, ainsi qu'une juxtaposition de maisons de moindre importance qui s'échelonnent jusqu'au sommet. Ces casbahs ne ressemblent pas aux casbahs Glaoua de style marrakchi. Ce sont de purs exemples de l'architecture locale berbère. Les tours élancées qui ornent les angles sont dépourvues de vraies fenêtres et ne comportent que de petites ouvertures destinées à la surveillance et à la défense. On a émis quelques hypothèses sur l'origine de cette architecture. Certains historiens ont suggéré un lien de parenté avec les tours fort élevées de Saana au Yemen, auxquelles elles ressemblent ; mais il est tout aussi vraisemblable qu'il s'agit de superbes systèmes de défense érigés pendant une période de guerres tribales incessantes.

Ci-contre et double page suivante :
Aït ben Haddou est tellement spectaculaire qu'il a servi de décor pour plusieurs films américains et européens.

Ces casbahs berbères comportent habituellement quatre étages. Le rez-de-chaussée abrite les mulets, les chèvres et les moutons. Le premier étage sert de grenier, alors que la famille occupe le second et que le troisième sert de terrasse. Les fenêtres donnant sur l'extérieur ne sont guère que d'étroites fentes permettant l'usage d'un fusil. La vie se concentre sur la cour, qui apporte également air et lumière.

Le village moderne sur la rive opposée s'adonne essentiellement au commerce touristique, tout comme une rue dans le dédale d'Aït ben Haddou. Apparemment peu de personnes vivent dans les vieilles casbahs, car la plupart préfèrent le confort des maisons modernes ; cependant, quelques fermiers s'obstinent à vivre de manière traditionnelle.

Avec l'image d'Aït ben Haddou gravée dans l'esprit, je retourne à Ouarzazate, où je prépare mon voyage dans la vallée du Drâa.

Près d'Agdz, dans la vallée du Drâa, l'ancienne casbah de Tamnougalt.

Dans les casbahs fortifiées, comme ici à Tamnou-galt, l'air et la lumière parviennent par la cour centrale où se déroulent les activités quotidiennes.

La vallée du Drâa

A l'aube du jour suivant, je déguste yoghourt et oranges devant l'hôtel de la Gazelle. Un météore traverse soudain le ciel et va terminer sa course vers l'est, au-dessus du Sahara. D'une mosquée voisine parvient le premier appel à la prière et il m'émeut ; la belle voix s'amplifie en prononçant le rituel « Allah est grand ». Comme s'ils étaient de connivence, les étourneaux commencent à pépier dans les oliviers et un coq solitaire se met à chanter, alors que l'aurore chasse les dernières étoiles du ciel.

Je quitte Ouarzazate et commence mon ascension dans les collines noires et arides du jbel Tifernine, puis du jbel Sarhro, à l'aspect encore plus impressionnant. Peu de signes de vie apparaissent dans ces collines sombres ou le long de la route qui serpente jusqu'au col de Tizi n'Tinififft (1 660 m). La route plonge ensuite brutalement vers Agdz.

La route d'Agdz à Zagora est impressionnante lorsqu'elle rejoint l'oued Drâa. Sur la rive opposée s'élève l'escarpement noir imposant du jbel Sarhro, offrant un arrière-plan spectaculaire pour les nombreuses casbahs berbères en pisé brun qui surgissent des palmeraies vertes. La moindre parcelle de terre est cultivée le long de l'oued et elle est souvent alimentée par

Les chérifs saadiens émigrèrent d'Arabie pour s'installer dans l'oasis de Zagora. Ils prirent le pouvoir au XVIe siècle à la faveur de la naissance d'un puissant mouvement anti-portugais et finirent par gouverner le Maroc et étendre leur contrôle sur des villes aussi éloignées que Tombouctou.

Pendant des siècles, Zagora fut un important carrefour du commerce transsaharien, sur la route entre Sijilmassa et Tombouctou.

un système d'irrigation en ciment. Des céréales poussent sur de petits lopins près de la rivière, ainsi que des dattiers, des citronniers et des amandiers.

Les casbahs occupent des positions stratégiques dans la vallée, tout comme les châteaux forts en Europe. Elles commandent l'accès des voies commerciales le long du Drâa. Certaines constituent le noyau initial des villages en bordure de route ; on en découvre d'autres, au loin, au milieu des palmiers, ce qui surprend. Dans cette région, les casbahs ressemblent à celles d'Aït ben Haddou par leur architecture — de hautes enceintes dominées par des tours élancées, que couronnent des créneaux triangulaires. Elles ne sont pas décorées de motifs gravés (comme la casbah Glaoui de Ouarzazate) ou embellies de peintures ; leur originalité résulte d'une juxtaposition improvisée de tours et de murailles à des hauteurs différentes. Elles offrent un spectacle saisissant, surtout tôt le matin ou au crépuscule.

Tissergate

Un peu avant Zagora, la plus grande bourgade de la vallée du Drâa, la route se faufile dans le défilé de l'Azlag, pour ensuite entrer dans la vaste oasis de Zagora. Tissergate est un ksar, situé en bordure de route, ayant conservé en grande partie son caractère traditionnel. Une fois l'entrée franchie, on pénètre dans le dédale de ruelles sombres qui parcourent le village. Les pièces construites au-dessus de ces allées y font régner une certaine pénombre. On a l'impression que toute l'agglomération est ainsi liée symboliquement, comme le sont les familles qui y vivent.

Cette disposition donne une sensation de fraîcheur et d'apaisement, après avoir subi l'ardeur du soleil de midi au dehors. Tout au long de ma promenade, derrière les portes closes, j'entends les bruits des repas que l'on prépare et je perçois les odeurs de cuisine.

Zagora

La route entre dans la partie moderne de Zagora, oasis agréable se nichant dans un méandre de l'oued Drâa. Malgré l'abondante verdure des palmiers, le voyageur prend conscience qu'il a réellement pénétré dans le désert. On devine à la sécheresse et à l'immobilité de l'air qu'au-delà de la ville et des canaux d'irrigation la vie s'avère pratiquement impossible.

C'est l'oasis par excellence. Du sommet du jbel Zagora, on découvre que les maisons se blottissent étroitement dans le coude fertile du Drâa. Les habitants y pratiquent une agriculture intensive : les dattiers protègent les citronniers, les amandiers et les oliviers de la chaleur de l'été, sous lesquels poussent blé, orge et fourrages. Au-delà de cette coulée de verdure, le désert impose, de tous côtés, son implacable réalité.

Les ruines d'une forteresse, attribuées par certains autochtones aux Almoravides et par d'autres aux Saadiens, se dressent sur une des pentes du jbel Zagora. Si la première hypothèse s'avère exacte, cela constituerait un des rares témoignages de leur époque (XIe - XIIe siècles), car une grande partie de ce qu'ils ont laissé a été détruit ou livré à l'abandon par la dynastie suivante, celle des Almohades. La présence active des Almoravides dans tout le Sud justifierait la construction d'un fort, pour contrôler les routes caravanières qui traversaient Zagora.

Pendant des siècles, Zagora a représenté un important carrefour du commerce transsaharien. Certaines caravanes, qui partaient de Sijilmassa (près d'Erfoud) et se rendaient à Tombouctou, s'y arrêtaient avant de s'enfoncer plus profondément dans le Sahara. La construction d'un fort à cet endroit se serait justifiée sur le plan stratégique.

Les Saadiens

D'autres historiens pensent que ces ruines appartiennent à la place forte des Saadiens. Cette dynastie, qui accéda au pouvoir au XVIe siècle, avait établi sa base initiale dans la vallée du Drâa et aurait pu effectivement élever un fort à Zagora. Originaires d'Arabie, ces *chorfa* émigrèrent dans le Drâa entre le XIIe et le XIVe siècle et acquirent une réputation de sagesse et de courage. Les habitants de la riche vallée du Souss, à l'ouest, leur demandèrent de mener un *jihad* (guerre sainte) contre les Portugais, qui avaient implanté des comptoirs le long de la côte. Les Saadiens finirent par chasser ceux-ci de leurs enclaves côtières et s'engagèrent ensuite dans la conquête du reste du pays, marchant sur Marrakech et Fès.

Une fois le pays soumis, les Saadiens élevèrent une capitale à Taroudant et contribuèrent beaucoup à l'embellissement de Marrakech. Pendant le règne d'Ahmed el Mansour ed Dahbi, « le Doré » (1578-1603), des expéditions furent envoyées dans la région du Niger, d'où furent rapportés de l'or, de l'ébène et des esclaves. « Le Doré » étendit sa domination sur une grande partie de ce qui constitue aujourd'hui le Sahara occidental, la Mauritanie et le Niger. Des califes saadiens régnèrent à Tombouctou. Un panneau se trouvant à l'extrémité sud de Zagora me rappelle le lien entre les deux villes — n'y lit-on pas « Tombouctou : 52 jours (de dromadaire) »...

Zagora était aussi une ville importante à la fin du XIXe siècle, quand les Glaoua y construisirent leur casbah, laquelle se trouve aujourd'hui intégrée dans l'ancien quartier. Situé au bord de l'oued, ce vaste ensemble de maisons en pisé sombre s'élève au milieu des palmiers, offrant le dessin irrégulier de ses murs et de ses toits.

Zagora est un endroit agréable pour passer quelques jours — on flâne au bord de la piscine de l'hôtel, on y déguste des dattes, tout en s'imprégnant de la chaleur. Ce lieu peut servir de point de départ pour découvrir la région et faire des excursions plus loin dans le Sud. Après un voyage dans le vide absolu du désert, il est réconfortant de retrouver la simple existence de Zagora ; la taille de la ville et le nombre de ses habitants rassurent le voyageur.

Tamegroute

On m'avait signalé l'existence à Tamegroute (une ville au sud de Zagora), d'une célèbre bibliothèque, possédant des manuscrits et des ouvrages rares, et je souhaitais la voir. Je ne trouve rien de remarquable dans la ville en elle-même, bien qu'elle soit

Les souks et les marchés hebdomadaires de l'oasis de la vallée du Drâa permettent aux fermiers d'écouler leur production et leur bétail, d'acheter les produits indispensables et d'échanger des nouvelles.

Tamegroute est réputée dans tout le pays pour sa poterie vernissée verte si typique. C'est dans ces fours qu'on la cuit.

réputée pour sa poterie verte vernissée.

Les bâtiments bas et modernes qui abritent la bibliothèque ne ressemblent pas à ce que j'imaginais. Par contre, ce que contient cette dernière est formidable, surtout si l'on réalise son éloignement par rapport aux principaux centres culturels du Maroc. Je passe devant les hautes vitrines qui présentent quelques-uns de ses 4 000 ouvrages rares : cartes de l'antique Alexandrie ; exégèses coraniques du XIe siècle ; manuscrits de poésie enluminés ; différents textes sur l'astronomie et l'agriculture... Certains comportent de belles enluminures rehaussées d'or et d'autres sont écrits sur de la peau de gazelle.

J'espère voir un exemplaire de l'ouvrage historique magistral d'Ibn Khaldoun, le *Kitab al-'Ibar*, datant du XIVe siècle (son introduction, le *Muqaddimah*, est connue en Europe sous le nom des *Prolégomènes*). Je vais de manuscrit en manuscrit, avec une excitation croissante, espérant l'entrevoir. Malheureusement, il reste invisible, de même que les œuvres du philosophe Ibn Rushid (Averroès pour les Européens) et d'Ibn Sina (Avicenne). On prétend que certains livres ont été envoyés à Rabat, ce qui explique peut-être leur absence.

La création de la bibliothèque remonte au XIIe siècle, lorsque Mohammed ibn Nasser fonda une confrérie de savants qui prit finalement son nom. La *zaouia* (mausolée) qui contient la tombe du saint érudit est adjacente à la bibliothèque. A une époque plus récente, un riche bienfaiteur de la région a donné des ouvrages rares acquis lors de pèlerinages à La Mecque.

M'Hamid

Au-delà de Tamegroute, le désert commence réellement. La route s'éloi-

gne de l'oued et quelques dunes solitaires s'élèvent le long du chemin. Puis cette route coupe l'aride jbel Bani, traverse une plaine caillouteuse semée de rochers éclatés, pour s'élever ensuite jusqu'au Tizi Beni Selmane (747 mètres). Après cela, on découvre la *Hammada* du Drâa — nom qui traduit bien la crainte du désert. C'est là le vrai Sahara, vide et aride. Mais, assez bizarrement, l'oued Drâa revient vers la route et relie entre elles des oasis qui finissent dans les dunes basses de M'Hamid.

A M'Hamid se termine la route au sens pratique et littéral. Parvenu là, le Drâa répand ses dernières gouttes d'eau dans le désert et disparaît, son lit s'orientant alors à l'ouest, vers la côte. Parfois de l'eau coule dans cette branche de l'oued, mais la plupart du temps, elle disparaît peu après M'Hamid.

Comme toutes les agglomérations situées à la fin d'une route, M'Hamid prend l'air désolé d'un poste-frontière. Les gens s'empressent d'escorter les visiteurs, qu'en fait ils attendent. La route goudronnée ayant été prolongée jusque-là, M'Hamid est vraiment devenue l'ultime étape, avant de se lancer dans le Sud du Sahara. Elle constitue aussi un important centre de ravitaillement pour les familles nomades, qui ne se sont pas vraiment établies dans les villes, et pour les caravanes occasionnelles de dromadaires qui se rendent encore en Afrique Noire.

Le vrai nom de la bourgade — M'Hamid el Ghouzlane — signifie « la Plaine des Gazelles ». Comme son nom le suggère, cette plaine sèche était autrefois très fréquentée par les animaux sauvages. On prétend même qu'on trouvait des crocodiles dans l'oued Drâa. Ce n'est généralement qu'au XXe siècle que les lions et les autruches ont disparu d'Afrique du Nord.

On trouve à M'Hamid quelques-unes des casbahs les plus anciennes du Sud marocain, la plupart datant de la fin du XVIIe siècle. On attribue leur construction aux Alaouites (des cousins éloignés de l'actuel roi Hassan II), sous le règne du second sultan, Moulay Ismaïl (1672-1727).

Après avoir exploré M'Hamid, je retourne à Zagora, alors que le crépuscule tombe sur le désert. Je suis seul sur la route, toute circulation semblant avoir cessé à l'approche de la nuit. Alors qu'un coucher de soleil spectaculaire embrase le ciel du désert, je ressens pour la première fois du voyage une étrange mélancolie. Même lorsque j'arrive sur des routes fréquentées, conduisant vers une ville aux hôtels confortables, je prends conscience de l'immensité terrifiante de la terre et du ciel — cela donne une certaine humilité. Je pense à ma femme et à mon petit garçon de trois mois...

J'accélère sur la route déserte menant à Zagora et je suis soulagé de retrouver l'oued Drâa et les lumières des villages dans les oasis. Pour rompre cette mélancolie, je prends un auto-stoppeur, un Targui souriant, enfoui dans son vêtement bleu de la tête aux pieds (d'où le surnom « d'hommes bleus » donné aux Touareg).

Autrefois, on craignait les Touareg dans tout le Sahara. Ces guerriers farouchement indépendants attaquaient les caravanes sur leurs rapides méharis, s'emparant de tout ce qui leur était utile, à eux et à leurs compagnes. Mais ce Targui-là, qui s'appelle Abdoullah, est un homme fier et agréable, d'environ trente-cinq ans. Nous parlons bientôt de sa vie.

Sa famille possède deux maisons, l'une près de Tamegroute, l'autre à Zagora où il se rend. Habituellement, il habite la plupart du temps dans une tente targui « typique » et promène les touristes sur des dromadaires dans les dunes. Il dit n'avoir pas suivi de caravane transsaharienne depuis trois ans ; mais les membres de sa famille le faisaient une fois par an, le voyage de retour prenant six mois. Les marchandises comprenaient surtout des céréales, qu'on échangeait contre des bijoux ou des produits artisanaux.

Puis nous parlons cinéma. Il a travaillé comme « extra » dans le dernier

film de Bertolucci « Un Thé au Sahara » (tiré du roman de Paul Bowles). Ses « cousins » tenaient le rôle de Touareg qui conduisaient une Américaine solitaire à travers le Sahara jusqu'à Agadès au Niger. Plus tard, je rencontrerai un cousin d'Abdoullah, propriétaire d'une boutique de tapis et de bijoux à Zagora. Il prétendra avoir fourni bijoux et tapis authentiques pour les besoins du film.

Abdoullah et moi convenons que, malgré l'admirable qualité de la photographie, le film a été une déception dans l'ensemble, car il était inutilement et absurdement érotique. « Mais cela s'explique, car le directeur était italien, l'équipe de tournage surtout européenne et les acteurs américains », ajoute-t-il sagement.

Après avoir dégusté un thé à la menthe dans la boutique des cousins d'Abdoullah, je retourne à l'hôtel où je vais me baigner avec plaisir dans la précieuse piscine, puis manger un tajine avant de goûter un sommeil réparateur.

Le jbel Sarhro

Après un court séjour à Zagora, je remonte la vallée du Drâa jusqu'à Tansikht, puis je me dirige vers l'est, longeant les contreforts du jbel Sarhro. Je souhaite traverser la route moins fréquentée qui va à Rissani et Erfoud. Bien qu'on m'ait assuré qu'elle était en bon état, je découvre bientôt que la route goudronnée se termine et se transforme en piste. Ma petite voiture est étonnamment solide, cependant, et je progresse lentement.

Je constitue manifestement un cas : les seuls véhicules rencontrés sont des camions et des Landrovers chargés de touristes, qui parcourent de manière plus raisonnable cette piste difficile.

Les Aït Atta

Ma lente progression me permet néanmoins d'admirer les montagnes de chaque côté de la piste. Le jbel Sarhro provoque une sorte d'effroi à cause de son aspect inquiétant — un escarpement de rochers noirs dépourvus de toute végétation. Cette crainte s'explique aussi par le fait que c'était de ces montagnes que la confédération des Aït Atta déferlait sur le Sud et s'aventurait fort loin pour attaquer les fermiers sédentaires des oasis.

Entre le XVIIe et le XIXe siècle, cette confédération de tribus constitua la principale force dans le Sud, notamment dans la zone entre les vallées du Drâa et du Ziz et les montagnes de l'Atlas, au nord. Les Aït Atta comptèrent jusqu'à cent mille personnes — ce qui formait un groupe d'une taille extraordinaire, si l'on considère la faible densité de la population dans la région à cette époque.

La confédération, qui connut son apogée au XIXe siècle, était un ensemble de clans et de sous-clans qu'unissait un but commun : trouver de meilleurs pâturages dans les contreforts de l'Atlas. Le clan Aït Khabbash, qui dominait le Tafilalt, fut peut-être

L'oued Drâa, véritable fleuve de vie pour l'oasis.

le plus agressif. Des expéditions s'aventuraient jusqu'en Afrique Noire, pillant les tribus qui élevaient des troupeaux de dromadaires dans le Sahara.

D'autres confédérations de tribus — comme celles des Aït Yafalman (« ceux qui cherchent la paix ») — s'étaient formées tout simplement pour résister aux attaques des Aït Atta sur leurs terres et contre leur bétail. Ces derniers, pour se livrer à leurs razzias, formaient des groupes allant de moins de cent à plusieurs milliers de personnes, comprenant infanterie et cavalerie.

Les affrontements étaient sanglants. Le père Charles de Foucauld, le célèbre explorateur et missionnaire de la fin du XIXe siècle, écrivait dans son ouvrage « Reconnaissance au Maroc » qu'une bataille en 1884 coûta 1 600 vies aux Aït Atta et 400 aux Aït Mirghad.

Ce ne fut pas avant les années 1900 que les Aït Atta commencèrent à être éclipsés par l'invasion française. Venant d'Algérie, les Français repoussèrent finalement les Aït Atta dans leurs terres du jbel Sarhro. Quand les années 1930 arrivèrent, ces derniers étaient souvent devenus pacifiques, beaucoup ayant adopté un mode de vie semi-sédentaire.

L'oued Drâa descend des neiges du Haut-Atlas et achève son cours dans le désert. Bien que traversant des étendues essentiellement arides, le Drâa alimente une oasis étroite mais étonnamment luxuriante, jusqu'à ce qu'il disparaisse dans les sables du Sahara.

Pour réussir un bon tajine de viandes et de légumes, il faut le cuire sous un couvercle conique.

Le thé joue un rôle cérémoniel important dans la culture du Sud marocain. Même lorsqu'ils voyagent, les nomades transportent avec eux leur provision de thé, leur théière et des verres, ainsi que des morceaux de sucre raffiné.

Pages 140 à 143 :
Erfoud se trouve au cœur du Tafilalt, une immense oasis s'étendant entre deux rivières. Construite à l'origine pour servir de ville de garnison, Erfoud constitue maintenant le centre du commerce de la datte.

La piste se hasarde dans des collines nues, puis franchit une gorge étroite. Des palmiers s'accrochent le long de l'oued, et le chemin devient sablonneux. Tazzarine est une oasis de belle taille, avec une station-service et quelques cafés. A la lisière ouest de la ville, la piste s'engage dans une vallée dure et rocheuse et m'offre deux voies également difficiles. Je m'arrête à l'embranchement et déjeune, tout en essayant de deviner laquelle prendre à l'aide de ma boussole. Par bonheur, un jeune homme du nom de Hassan arrive à la hauteur de la voiture et nous commençons à parler. Il me conseille la voie sur la gauche car, après quelques heures, on trouve une bonne route macadamisée. Geste de courtoisie dans un endroit perdu...

Un vieux Berbère, coiffé du turban blanc des Aït Atta, me demande de le conduire jusqu'à Achich Aït Yazza. J'ouvre la porte de la voiture et partage avec lui mon repas, mais comme il parle très peu le français, notre conversation reste limitée. Toutefois, il peut m'aider à me diriger, en m'indiquant le chemin de la main quand se présente une impressionnante série de difficultés.

A Achich Aït Yazza, la piste quitte le lit d'un oued et se transforme en une belle route macadamisée qui paraît toute neuve. Le vieil homme m'invite à prendre le thé chez lui, et l'une de ses deux épouses le prépare dans une pièce de devant. La femme, vêtue de noir et couverte de lourds bijoux d'argent, me sert un pain plat fourré de légumes cuits et d'épices, que je trempe dans une délicieuse huile d'olive. Le vieil homme prépare le thé solennellement, y mettant d'énormes morceaux de sucre et le remplissant de menthe fraîche ; il goûte trois fois le breuvage avant de le trouver à point. Conformément à la tradition de l'hospitalité berbère, il se montre très généreux avec le sucre, insistant pour que j'en prenne de grandes quantités. Bien que nous ne puissions pas nous comprendre, nous passons ainsi un agréable moment et cela me touche beaucoup.

Le vieil homme m'offre un endroit où dormir pour la nuit, mais je dis qu'il me faut partir. A sa grande honte, car c'est un vrai seigneur, sa femme commence à me montrer dans la voiture les objets qu'elle souhaite pour cadeaux. Je les donne avec plaisir, comme le demande la coutume, remettant ainsi ma réserve de pain, d'oranges, de fromage et de sardines, malgré le vieil homme qui me fait comprendre que je ne dois plus écouter sa femme obstinée. Il est encore plus chagriné quand les enfants courent après la voiture, réclamant bonbons et stylos. Il me conduit jusqu'à l'extrémité de la ville pour s'assurer que j'ai bien pris la grand'route, échappant ainsi aux enfants. Tout en conduisant sur l'excellente route qui mène au Tafilalt,

je songe à la gentillesse et à l'hospitalité de ce vieil homme. Une fois encore, il s'agit-là d'un geste de courtoisie envers un étranger dans un lieu éloigné de tout.

Le Tafilalt

Le ciel s'embrase lorsque j'approche du Tafilalt. Des traînées de rose traversent le ciel pourpre ; une lumière jaune brille, tel un fil d'or à l'horizon à l'ouest. Puis l'obscurité tombe rapidement, me laissant seul avec une impression soudaine de mélancolie. Il fait froid. Depuis deux heures plus une voiture ne circule. J'écoute le silence absolu qui règne autour de la route et je deviens impatient de rejoindre Erfoud.

C'est avec soulagement que j'approche du Tafilalt. Ses palmiers me rassurent, même dans l'obscurité, car je sais qu'il y a là beaucoup d'eau. Cette oasis gigantesque commence juste au nord d'Erfoud et s'étend au-delà de Rissani. Deux rivières, l'oued Rheris et l'oued Ziz, se rejoignent presque à Erfoud, puis suivent des cours parallèles ; leur eau transforme ce coin de désert en un paradis de verdure. Selon certaines estimations, il pousse plus d'un million de palmiers-dattiers dans cette oasis.

Le Tafilalt se réclame d'un riche passé, à défaut de monuments historiques. Son nom provient du mot berbère *ta*, qui signifie « fils de » (tout comme « aït ») et de *Filal*, le nom d'une région d'Arabie. Il se peut que les premiers habitants arabes soient venus du Filal et aient donné à l'oasis son nom, malgré la présence initiale d'un village berbère. La dynastie alaouite, qui prit le pouvoir au XVIIᵉ siècle dans le Tafilalt, porte aussi le nom de « Filali ».

Erfoud

Erfoud représente un retour au confort moderne et je l'apprécie immédiatement. Bien que sa population ne dépasse guère les 5 000 habitants, la ville semble fort active ; les cafés et les restaurants sont remplis de jeunes gens. C'est le moment de la récolte des dattes, aussi son animation résulte-t-elle sans doute du commerce auquel on se livre. Cette région a la réputation de produire les meilleures dattes du Maroc.

Apparemment, une équipe de tournage réside dans mon hôtel ; les Britanniques lisent les tout derniers hebdomadaires anglais ; les Français, à une autre table, semblent passer un bon moment alors qu'ils consultent la carte des vins (où figure du Dom Perignon) et qu'ils se plaignent de la nourriture.

Entrent de grands mannequins marocains, de toute beauté, portant des mini-jupes noires, les plus moulantes que j'aie jamais vues. Un jeune photographe à la mode, également vêtu de noir, les accompagne. Ils parlent des prises de vues du jour suivant dans les dunes voisines ; soudain ils décrètent que le restaurant n'a pas assez de classe. « Quelle tenue scandaleuse ! » pensè-je en mon for intérieur « et quel dommage qu'elles partent si tôt ! »

L'erg Chebbi

Les dunes de l'erg Chebbi attirent beaucoup de touristes à Erfoud, bien qu'elles soient plus proches en fait de Rissani. Mais les visites en Landrover, qui partent à l'aube, suivent un itinéraire plus détourné pour rejoindre le bord de l'erg.

Se détachant de la surface plane du Tafilalt, l'erg s'élève en une série de pentes arrondies. Le sable prend différentes nuances, selon la lumière du jour ; c'est un spectacle particulièrement inoubliable à l'aurore et au crépuscule, quand les dunes prennent les couleurs fantastiques du ciel. Plusieurs films ont utilisé l'erg Chebbi pour évoquer le Grand Erg occidental du Sahara. En fait, il occupe une surface relativement restreinte et constitue une anomalie mystérieuse dans le désert généralement rocheux du Sud-Ouest marocain. En réalité, les dunes ne représentent qu'environ le dixième de la surface du Sahara.

Le grondement des Landrovers me réveille à quatre heures du matin. Je me retrouve bientôt sur la piste en dur qui mène à Merzouga, une oasis située en bordure de l'erg. Merzouga est une petite bourgade poussiéreuse, avec des jardins soigneusement entretenus sous les palmiers ; mais les dunes roses et rougeâtres qui s'élèvent derrière la ville sont impressionnantes.

Après m'être promené dans les dunes et avoir déjeuné à Merzouga, je me rends à Rissani pour explorer l'un des endroits les plus fascinants du Maroc. Il existe peu de grands monuments à Rissani et dans ses environs, mais non loin de là se trouvent les ruines de Sijilmassa, une des villes les plus importantes dans l'Histoire du Sud marocain.

Les dunes de l'Erg Chebbi, près de Merzouga, prennent diverses nuances selon la lumière du jour.

Sur le marché de Rissani, on achète et on vend tout ce que procure l'abondance du Tafilalt. Il s'agit d'une ville modeste, mais elle revêt une grande importance historique — c'est là que s'élevait Sijilmassa, un lieu de passage qui joua un rôle primordial dans le commerce de l'or pendant plusieurs siècles.

Le mausolée de Moulay Ali Chérif, fondateur de la dynastie Alaouite, se trouve dans les environs de Rissani. C'est là que les Alaouites acquirent leur notoriété, en tant que descendants du Prophète et grâce à leur sagesse exceptionnelle.

Une arche, décorée dans le style alaouite, marque l'entrée de Rissani.

Sijilmassa

Les ruines de Sijilmassa ont presque disparu, absorbées par le sol. Mais c'était autrefois une ville très riche, parce qu'elle représentait un important lieu de passage pour le commerce de l'or et aussi parce qu'elle constituait le cœur de l'immense oasis du Tafilalt.

On attribue parfois son origine à l'avant-poste romain de *Sigillum Massae* ; mais Sijilmassa date probablement des VIIe et VIIIe siècles, bien après le départ des Romains du Maroc. Ce fut au commencement un village berbère, mais dès le début du VIIIe siècle, elle formait déjà une grande ville. Léon l'Africain l'a décrite alors comme un « grand entrepôt de commerce », où séjournaient des marchands étrangers et où le « sultan » local prélevait des droits de douane. Dès le début, elle servit de centre commercial et d'étape pour les Marocains se rendant à La Mecque.

Sijilmassa acquit très certainement son importance lorsque le négoce de l'or du Moyen-Orient changea d'itinéraire ; au lieu de traverser le Sahara en diagonale, il suivit des routes plus favorables passant par le Maghreb. Ce fut au IXe siècle que le sultan égyptien Ahmed ben Toulour interdit l'usage de la voie directe entre Le Caire et le royaume du Ghana, à cause des attaques fréquentes subies par les caravanes et du climat hostile, notamment les tempêtes de sable. Les caravanes durent choisir une autre route et le passage par les oasis de l'oued Ziz et le Tafilalt a dû paraître plus facile. Neuf jours de voyage environ séparaient Sijilmassa de Fès. En outre, l'existence de mines de sel à Taghaza (dans le Sud algérien), à vingt-cinq jours au sud de Sijilmassa, constitua un motif supplémentaire pour traverser cette dernière. Le sel, qui manquait d'une manière chronique en Afrique Noire, était échangé contre de l'or.

A Taghaza, on découpait de grandes plaques de sel dans une mine à ciel

Les dattes constituent un élément essentiel de l'alimentation, tant pour les hommes que les animaux, dans les oasis du Tafilalt. Les meilleures dattes du Maroc proviennent de cette région.

ouvert et on les chargeait sur des dromadaires, une de chaque côté. Ce sel était troqué contre de l'or avec les tribus le long du Niger. On en échangeait aussi des morceaux pour obtenir nourriture et hébergement.

Le commerce de l'or finit par inclure, en plus du sel, des tissus, du papier, des armes, des parfums, des épices, du blé et des fruits secs du Nord, qu'on échangeait contre de l'ivoire, des esclaves, de la gomme arabique, des cornes de rhinocéros et des plumes d'autruche au Soudan.

Cependant, le voyage du Tafilalt à Tombouctou demeurait extrêmement périlleux. Vingt-deux puits seulement jalonnaient les 1 800 kilomètres de route. La température au milieu de la journée sélevait à 70 degrés centigrades. En 1805, une caravane de 2 000 dromadaires s'évanouit chemin faisant. La disparition des caravanes pouvait s'expliquer de différentes façons — une violente tempête de sable, un raid des Touareg ou le puits suivant qu'on n'avait pas trouvé. Certains puits étaient souvent à sec ou devaient être péniblement dégagés après les tempêtes de sable. La seule consolation, pour les croyants, se trouvait dans ces paroles du Coran : « Toute peine sera suivie par le réconfort. »

En 1053, quand les Almoravides conquirent le Tafilalt, Sijilmassa était déjà une ville importante. L'année suivante, au cours d'une insurrection, le gouverneur almoravide fut tué, ce qui témoigne du caractère indépendant de ses habitants. La ville ne fut reprise qu'en 1056.

Sijilmassa connut peut-être son apogée aux XIIIe et XIVe siècles, quand la demande d'or augmenta de façon spectaculaire. L'Europe abandonna la monnaie d'argent pour l'or, ce qui s'ajouta aux besoins déjà importants des marchés traditionnels du Moyen-Orient. Il se peut que la dynastie mérinide ait pris le contrôle de la ville au XIVe siècle à cause de son importance croissante dans ce négoce.

Ibn Battouta

Ce fut à cette époque qu'un des plus grands voyageurs de tous les temps, Ibn Battouta, passa par Sijilmassa, alors qu'il allait voir le roi du Mali. En vingt-neuf ans, il avait déjà parcouru le monde, quittant Tanger sa ville natale et se rendant notamment en Chine — une vie d'aventures aussi passionnante que celle de Marco Polo.

Après ses longs voyages, il s'installa à Fès, au moment de l'apogée de la dynastie mérinide. Mais, apparemment, le démon des voyages ne le quitta pas, car il entreprit d'aller à Tombouctou et de visiter les champs aurifères du royaume de Gao.

Quand Ibn Battouta passa à Sijilmassa, c'était une ville de taille considérable, avec des palais, des mosquées et des marchés animés. Il y séjourna quatre mois, engraissant ses dromadaires, puis il partit avec une caravane de marchands locaux. La caravane partait tôt le matin, campait pendant la chaleur du jour et repartait pendant les heures fraîches précédant la nuit.

René Caillié

Des siècles plus tard, le 28 juillet 1828, René Caillié arriva épuisé dans le Tafilalt : il venait d'effectuer une traversée éprouvante de quatre-vingt un jours dans le Sahara, après avoir quitté Tombouctou. C'était le premier Européen à avoir vu la ville interdite et avoir vécu assez lontemps pour le raconter (l'Ecossais Laing le précéda mais fut tué). Il s'était déguisé en mendiant égyptien et il aurait probablement été mis à mort, si l'on avait

L'oued Todra jaillit des montagnes près de Tinerhir, donnant aux habitants de la région une eau abondante et rendant le sol fertile dans la vallée.

Les casbahs de Tinerhir témoignent de styles différents qui se sont développés au cours du temps : cela va d'une architecture berbère traditionnelle à une autre, plus moderne, où l'on décèle l'influence des Glaoua. Au début du XXe siècle, ceux-ci édifièrent plusieurs casbahs dans la région.

découvert qu'il s'agissait d'un chrétien français.

Cela constitue un des grands épisodes de l'exploration européenne. Toutefois, il faut réaliser que les compagnons de caravane de René Caillié retournèrent à Tombouctou moins d'un an après. Ils durent traverser à nouveau le paysage infernal du *Bled el Khouf* où, disait-on, Satan lui-même exilait les démons pour mauvaise conduite.

Les Alaouites

Les *chorfa* alaouites, les ancêtres du souverain actuel Hassan II, vinrent dans cette ville importante. Ils avaient émigré de Yembo, en Arabie, dans le Tafilalt au XIIIᵉ siècle. Leur influence dans le Tafilalt commença en 1620, quand Ali Cherif, un grand lettré, s'établit dans l'oasis (il est enterré près de Rissani). La réputation des Alaouites crût rapidement et, en 1668, Moulay Rachid devint le premier sultan alaouite — ou Filali — du Maroc.

Quand la mort interrompit peu après le règne de Moulay Rachid, Moulay Ismaïl (1672-1727) accéda au pouvoir. Il éleva une série de fortifications dans le Sud pour consolider la domination alaouite sur tout le pays. On lui doit la reconstruction partielle de Sijilmassa. Bientôt la vie se concentra autour des grands ksour qui hébergeaient les membres de cette famille ; de longs murs protégeaient les habitants et les meilleurs palmiers-dattiers.

Au milieu du XVIIIᵉ siècle, cependant, le Tafilalt décrût en importance ; la vie de la Cour se déroula dans les villes impériales de Meknès et de Fès. Après la mort de Moulay Ismaïl, en particulier, le Sud connut une vacance du pouvoir, à laquelle la confédération des tribus Aït Atta mit fin. Elle venait du jbel Sarhro et pillait le Tafilalt. Peut-être la destruction de Sijilmassa survint-elle pendant ces guerres tribales qui durèrent presque deux siècles. On suggère aussi une autre hypothèse : un barrage important sur l'oued aurait cédé, libérant l'eau qui submergea la ville. L'architecture traditionnelle, n'employant qu'un pisé extrêmement friable, une inondation aurait entraîné une rapide destruction.

Aujourd'hui, toute la vitalité de l'oasis se concentre sur Rissani, une importante place marchande depuis le Moyen Age. Son marché du dimanche offre l'abondante production de cette riche oasis ; cela apparaît d'autant plus remarquable qu'il s'agit de la dernière ville de taille notable avant que ne commence le vrai Sahara.

La vallée du Ziz

Je refais le voyage de Rissani à Erfoud, puis je me dirige dans la partie nord de la vallée du Ziz. Cette coulée verte ininterrompue qui suit l'oued, c'est le pays des ksour, ces hameaux berbères entourés de murailles, que l'on voit aussi dans la vallée du Drâa. La plupart des habitants sont Berbères. Comme le veut la tradition, les ksour comportent de hauts murs défensifs fort peu décorés.

Je me trouve là au moment de la récolte des dattes (novembre). Celles-ci sont cueillies juste avant qu'elles ne soient mûres, généralement par régimes, et on leur enlève leurs tiges orangées. Les femmes les trient et les étalent partout, sur les toits des maisons ainsi que sur les surfaces plates en bordure de route. On les retourne pendant qu'elles sèchent. Tout le long du chemin, des hommes, avec des caisses ou des sacs remplis de dattes, attendent que les taxis collectifs les emmènent au marché.

Après un voyage agréable et pittoresque, j'arrive à Errachidia (l'ex-Ksar es Souk), une ville moderne se tenant à l'intersection des routes nord-sud et est-ouest. Cette cité animée doit sa prospérité au plan d'irrigation réalisé dans les années 1960. Si elle paraît moderne, c'est parce que beaucoup de

Ces casbahs de la vallée du Dadès se composent, comme la plupart des casbahs berbères, de quatre niveaux donnant sur une cour intérieure. Le rez-de-chaussée abrite le bétail, le premier étage sert au stockage des céréales, la famille vit au second et le dernier étage est utilisé pour le séchage du grain.

maisons ont été détruites par une inondation dans les années 1950.

Surplombant l'oued Ziz, le ksar Targa, de style berbère, se cache derrière ces constructions modernes aux couleurs vives, et son brun sombre contraste avec elles.

Juste au sud d'Errachidia se dresse le ksar de Sidi Bouabdillah qui, lui, est de style arabe. On prétend que les Alaouites l'ont construit voici plus de trois cents ans. Des ksour encore plus anciens, remontant peut-être au XIVᵉ siècle, et plus ou moins en ruine, parsèment la région.

Figuig

Figuig représente un détour considérable sur n'importe quel itinéraire, car il se trouve à 400 kilomètres à l'est d'Errachidia, presque à la frontière algérienne. Mais cela vaut le déplacement : dans cette vaste oasis du désert, la vie continue à suivre le rythme des saisons. Elle est aussi essentiellement berbère.

Il existe sept ksour où vivent la majorité des habitants. Un ancien système d'irrigation souterraine donne à la ville son aspect verdoyant et permet la culture de 200 000 palmiers.

Tinerhir et les gorges du Todra

Après mon long circuit dans les vallées du Drâa et du Ziz, je retourne à l'ouest, vers Ouarzazate et la côte. Aujourd'hui, je me rends à Tinerhir, la ville qui se trouve à l'entrée des gorges du Todra.

Les visiteurs viennent à Tinerhir pour voir ces gorges qui sont vraiment magnifiques et méritent le déplacement, mais il me semble que le chemin pour y mener est aussi un régal pour les yeux. Je fais ce voyage au crépuscule. Par ici, les ksour sont splendides, avec leurs tours élancées se dressant au bord de l'oued Todra. Ils surgissent parmi des champs irrigués et luxuriants, les citronniers vert vif et les oliviers bleu argenté ; les palmiers, si communs dans le Ziz, se font plus rares ici. Dans ce décor — l'oued jaillissant des gorges — apparaissent quelques-uns des ksour et casbahs les mieux conservés du Maroc. Cela s'explique en partie car ils sont récents (peu d'entre eux ont plus de cent ans) et certains semblent avoir été bien entretenus.

La casbah la plus impressionnante se dresse sur une colline, au croisement de la route des gorges du Todra et de la grand'route venant d'Errachidia. On ne sera pas surpris d'apprendre qu'il s'agit d'une casbah Glaoui, avec son architecture composite qui évoque le château fort européen et un palais de Marrakech.

Plus loin, le long des gorges, on voit des casbahs typiquement berbères, avec leurs tours effilées et leurs hautes murailles, se dressant avec élégance au-dessus des oliviers. Leur caractère pittoresque cache leur utilité, car il s'agissait avant tout de superbes systèmes de défense contre les tribus pillardes.

La route s'élève rapidement vers les gorges, puis se glisse dans les montagnes. L'air se rafraîchit et d'agréables villages bordent le chemin. Alors que j'avance, la route redescend presque au niveau de l'oued Drâa. D'une parcelle de champ cultivé, située à l'entrée même des gorges, une grue grise s'envole et pénètre lentement dans celles-ci — « un bon présage », pensè-je.

Les montagnes se resserrent et je suis dans les gorges qui offrent un spectacle absolument remarquable : les parois s'élèvent à plus de 300 mètres, laissant un passage large d'à peine 10 mètres lorsque je franchis la rivière. La lumière dorée de l'après-

Les tours élégantes des casbahs berbères s'élèvent, telles des gratte-ciel, dans la vallée du Dadés. Des familles habitent certaines de ces casbahs, tandis que d'autres, semblant partiellement en ruines, ne servent que de greniers ou d'abris pour le bétail.

D'étranges formations rocheuses composent un arrière-plan spectaculaire pour les casbahs de Tamlalt.

midi baigne la façade rocheuse à l'est, tandis que l'ombre couvre le versant opposé. Je m'arrête pour prendre un thé à la menthe dans un café situé dans les gorges. Comme dans un mausolée, tout paraît paisible et irréel ; le vide règne partout, si l'on excepte la rivière et les touristes dans le café. Ceux-ci sont étrangement calmes, tandis qu'ils contemplent les parois rocheuses et massives, comme s'ils éprouvaient du respect.

Boumalne du Dadès

Tout comme à Tinerhir, c'est la proximité des gorges voisines qui attire les visiteurs à Boumalne du Dadès. La ville se dresse dans une large vallée, dans les contreforts de l'Atlas, à 1 568 mètres d'altitude. Les couleurs de la ville varient du rouge au rose et au fauve. Une casbah traditionnelle s'élève parfois au-dessus des constructions modernes.

Les habitants ont un aspect nettement différent. Leur peau est plus claire et les femmes s'habillent autrement. Elles portent des blouses jaunes, roses et bleues éclatantes sous une sorte de dentelle noire ; des foulards noirs soigneusement attachés couvrent leur chevelure. Les gens semblent prospères et j'apprends, par un jeune homme dans un café, que 60 % des hommes vont travailler en Belgique (paradoxalement, dans la région du Todra, les jeunes gens se rendent, eux, exclusivement en France). On ne trouve pas de palmiers, simplement des amandiers, des oliviers et des eucalyptus, qui poussent sur d'étroites parcelles de terre près de la rivière.

Dans la vallée qui se rétrécit en conduisant aux gorges, les casbahs berbères s'élèvent parmi des formations rocheuses spectaculaires ; l'une d'entre elles, notamment, se dresse devant un mur de rochers renversés. Ces gorges sont moins impressionnantes que celles du Todra. La route s'élève rapidement après l'entrée et offre une vue plongeante sur l'oued, tout en bas.

El Kelaa des Mgouna

Après avoir quitté Boumalne du Dadès, j'entre dans une région célèbre pour ses roses. On vend de l'essence de rose le long de la route et, en quelques minutes, je suis au cœur de l'endroit où on la fabrique. A El Kelaa des Mgouna et dans les environs, au printemps, ces fleurs s'épanouissent dans les vallées, leur couleur rose formant un splendide contraste avec le brun des collines avoisinantes. Les femmes marocaines raffolent de l'essence de rose de cette région et l'utilisent comme eau de toilette. On s'en sert aussi de manière rituelle pendant les moussems, les femmes en aspergeant le sol. Chaque année, au mois de mai, on célèbre la Fête des Roses.

Skoura

Revenu sur la route de Ouarzazate, l'envie me prend de voir les casbahs de Skoura. Rom Landau, dans son important ouvrage « Les Kasbas du Sud marocain », pense que les casbahs de Skoura ressemblent fort à celles qui furent édifiées à Sijilmassa. Il s'appuie sur le fait que, selon certains récits, des exilés de Sijilmassa (chassés peut-être par les Mérinides) arrivèrent à Skoura au XIVe siècle. Si cela est vrai, on devine la grande cité que fut Sijilmassa en voyant ces magnifiques casbahs. Il s'agit de véritables forteresses, entourées d'impressionnants systèmes de défense. Toutefois, même si ce style architectural date de cinq cents ans, les bâtiments actuels sont plus récents. Certaines casbahs témoignent des transformations et ajouts dus aux Glaoua, lorsqu'ils en prirent possession à la fin du XIXe siècle.

Autrefois les genévriers couvraient une grande partie de l'Atlas.

Pages 164 et 165 :
De petites fenêtres et des murs épais de pisé conservent la fraîcheur durant les mois d'été et la chaleur en hiver.

L'oued Dadès serpente à travers une série de gorges ; certaines forment des vallées assez étendues pour être cultivables, alors que d'autres ne sont que d'étroits passages larges d'une quinzaine de mètres et profonds d'une centaine de mètres.

Page 168 :
De petits villages se blottissent sur les rives du Dadès, alors que celui-ci s'enfonce dans les gorges profondes qu'il a taillées dans les montagnes de l'Atlas. Sur les étroites parcelles plates, on cultive de l'orge, du blé et des amandiers, selon des méthodes ancestrales.

Page 169

L'élevage des moutons représente une activité importante dans les montagnes de l'Atlas. La laine sera vendue aux fabricants de tapis et de djellabas ; presque toutes les parties du mouton seront consommées ou utilisées d'une manière ou d'une autre.

Au printemps, les vallées de la région de Kelaa des Mgouna ne sont que champs de roses en fleur. Cette contrée est célèbre pour son essence de rose, que les femmes marocaines utilisent comme eau de toilette. On s'en sert aussi de manière rituelle pendant les moussems. La Fête des Roses est célébrée au mois de mai.

Une casbah bien entretenue près de Kelaa des Mgouna témoigne de la prospérité d'un propriétaire de la région.

Page 176 :
*Les casbahs de Skoura, fort intéressantes en elles-
mêmes, constituent aussi une énigme : certains
pensent que les habitants de Sijilmassa se sont
réfugiés là et ont édifié des casbahs dans le style
de la cité aujourd'hui disparue.*

Page 172-173
*Le Haut-Atlas s'élève au-dessus de l'oasis de
Skoura.*

Page 177 :
On peut penser, en voyant les tours de Tamadart, que l'architecture des casbahs berbères a été influencée par les hautes constructions de Sanaa, au Yémen.

Les casbahs du Sud, comme celle-ci à Tamadart, nécessitent un entretien constant. Sinon, après les pluies, les bâtiments faits de pisé, de paille et de pierre s'effritent, transformant rapidement en ruines ces casbahs magnifiques.

Taliouine

Après avoir visité Skoura, je reviens sur la route allant à Ouarzazate et qui traverse une plaine chaude et poussiéreuse. Soudain, tel un mirage, un grand lac étincelle au soleil sur ma gauche. C'est le lac formé par le barrage de Mansour ed Dhabi, au confluent du Drâa et du Dadès. Je retourne avec plaisir à Ouarzazate, mais je n'y reste pas longtemps, car je dois me rendre à Taliouine.

La route de Taliouine traverse d'abord des collines basses et nues, puis la longue étendue d'une plaine brûlante avant de s'enfoncer brutalement dans l'Atlas. Au col de Tizi n'Taghatine, le paysage devient un peu surréaliste. Des chèvres au long poil se déplacent parmi des touffes d'herbe pâle et drue. Les collines en forme de cône semblent se décomposer de l'intérieur, répandant un sable blanc, rouge et pourpre.

Juste avant Taliouine, la route descend dans une vallée, tandis que la chaîne de l'Atlas s'élève majestueusement au loin. De jolies filles berbères, portant des bottes de canne à sucre, s'en reviennent chez elles. Des casbahs en ruine, superbement isolées, ornent les crêtes des montagnes.

Ce qu'on découvre en arrivant à Taliouine, c'est son splendide isolement — avant-poste à la beauté surnaturelle perdue dans une vallée étroite. En plus de son paysage, son intérêt réside dans une magnifique casbah Glaoui à l'abandon, située près de l'hôtel trois étoiles « Ibn Toumart ». Son décor pittoresque a autrefois servi dans le film « Itto » (1934).

On se demande pourquoi une aussi grande casbah fut construite à Taliouine. Elle servait de résidence à un *khalifa* Glaoui, qui devait probablement contrôler le commerce venant du sud et passant par Taliouine. La région produit des amandes et surtout du safran, l'épice la plus chère du monde.

Le merveilleux hôtel « Ibn Toumart » représente la quintessence du confort des « Hôtels du Sud ». Le bâtiment lui-même, construit tout à côté de la casbah Glaoui, s'intègre parfaitement. Il s'agit vraiment d'un modèle pour l'industrie touristique. A l'intérieur, on découvre tout le confort de la vie moderne, allié à un aspect traditionnel — ainsi les faïences prennent des couleurs indigo et safran. Même lorsque je me suis retrouvé être le seul client de l'hôtel, le service est resté efficace et courtois. Je ne peux que faire des louanges de ce lointain établissement et de son personnel ; il mérite davantage de clients. De plus, Taliouine s'avère vraiment intéressant.

Je m'attarde là, jouissant de l'agréable solitude et savourant le plaisir de me sentir éloigné de tout. Néanmoins, il me faut entreprendre la prochaine étape du voyage — gagner la côte.

A Taliouine, on découvre une casbah glaoui à l'abandon, dans un splendide isolement. Si la présence d'une aussi grande construction dans un tel endroit peut surprendre, on la comprend mieux lorsque l'on sait que la région produit du safran, l'épice la plus chère du monde.

Imilchil

La vallée du Dadès remonte les gorges en serpentant. De petits villages se blottissent le long de la rivière. Le terrain est difficile et éprouvant ; il y fait froid en hiver et chaud en été. La rudesse des habitants de ces montagnes s'explique peut-être par l'âpreté de cette terre. Le clan des Aït Haddidou, dans cette région, n'a-t-il pas été l'une des dernières tribus berbères à se dresser contre les Français ?

En sortant des gorges, on débouche sur un paysage moins spectaculaire. Mais ensuite, la route qui mène à Imilchil, en passant par Aït Hani, permet de découvrir à nouveau les paysages grandioses de montagnes presque inhabitées.

Imilchil constitue un point de rencontre pour les habitants semi-nomades de cette partie de l'Atlas. Des marchés hebdomadaires attirent les habitants de la région ; ils peuvent y échanger leur laine, leurs amandes ou leur blé contre ce dont ils ont besoin : du sucre, du thé, des vêtements, des ustensiles de cuisine...

C'est à Imilchil que se déroule, en septembre, le moussem des Aït Haddidou (la plupart des moussems commençant chaque année à la même phase lunaire, la date peut varier). On célèbre aussi à cette occasion la « Fête des Fiancés », car les célibataires viennent y chercher mari ou femme. Les familles se réunissent pour arranger les mariages. Les femmes portent des djellabahs rayées de noir, de rouge et de vert, et sont coiffées de foulards colorés, ornés de piécettes. On distingue les vierges des femmes divorcées à la façon dont elles nouent leurs foulards. Quant aux hommes, ils revêtent leur plus belle djellabah blanche. On exécute les danses en vêtements de cérémonie.

Le moussem en lui-même constitue une expérience fascinante : on rencontre des hommes et des femmes aussi beaux qu'altiers, revêtus de leurs chatoyants costumes traditionnels ; on découvre les spectacles et les souks colorés ; on entend le rythme syncopé des tambours berbères — et tout cela se déroule avec le Haut-Atlas en toile de fond.

Les montagnes de l'Atlas, complètement dénudées à Taliouine, révèlent d'impressionnantes formations de roches stratifiées.

Les fermiers apportent leur production à travers les montagnes pour les vendre à Imilchil pendant les trois jours du moussem.

Un moussem a lieu tous les ans, en septembre, à Imilchil. A cette occasion se tient un vaste marché, offrant presque tout aux habitants des montagnes qui se préparent à hiverner : cela va des verres à thé aux dromadaires, en passant par les épices et les vêtements. Le moussem se déroule autour du marabout d'un saint berbère local, Sidi Ahmed Oul-Maghani. Comme celui-ci avait le don de rendre les couples fertiles, son mausolée est devenu le point central de la Fête des Fiancés.

Pages 186 à 189 :
La tribu Aït Haddidou célèbre la Fête des Fiancés lors du moussem annuel d'Imilchil. Les veufs ou divorcés, hommes et femmes, viennent y choisir de nouveaux compagnons. Les vierges, qu'on

reconnaît à leur coiffure, y cherchent un mari. Les femmes Aït Haddidou peuvent se marier autant de fois qu'elles le désirent et divorcer de leur époux, tout en restant libres de gérer leurs propres finances.

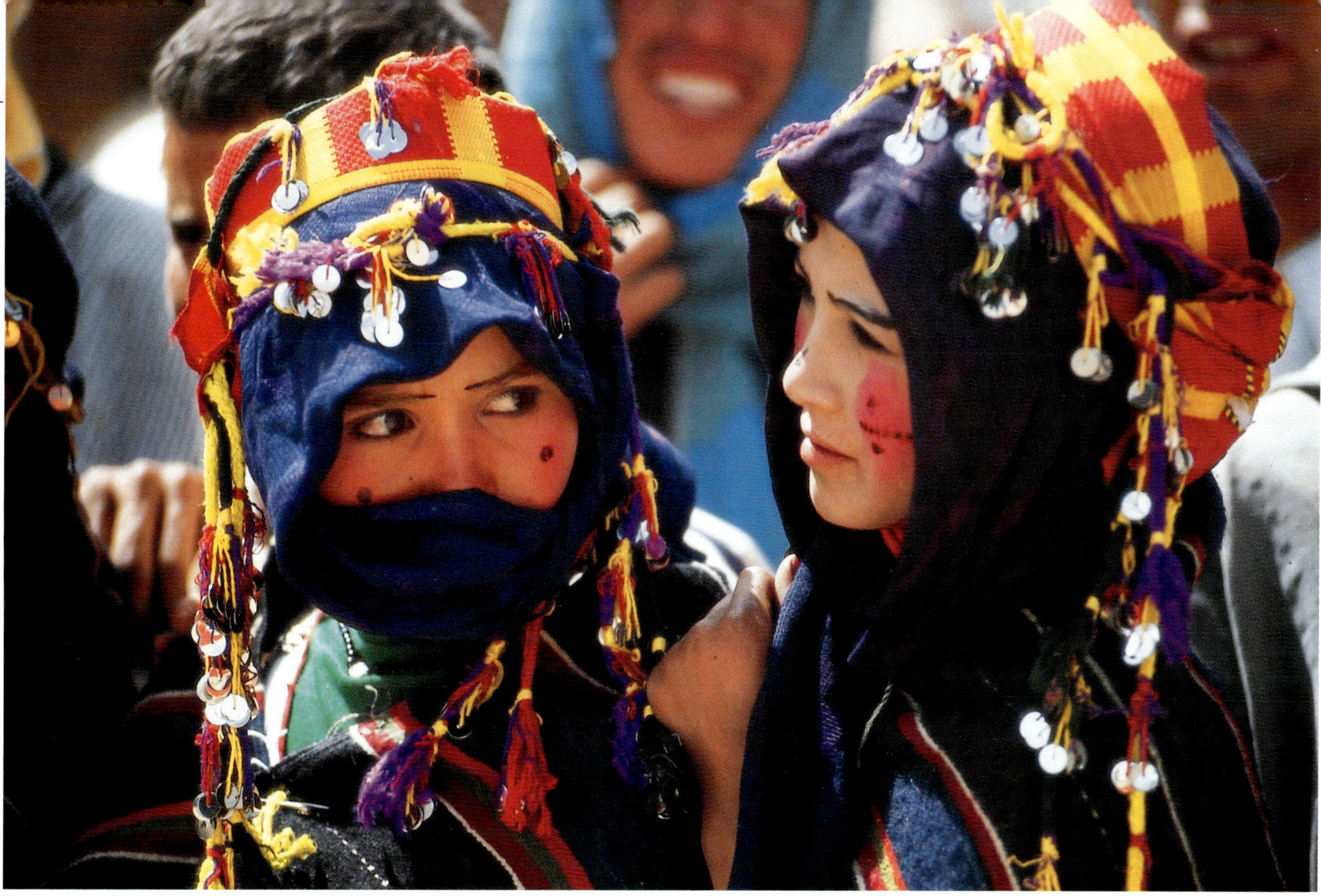

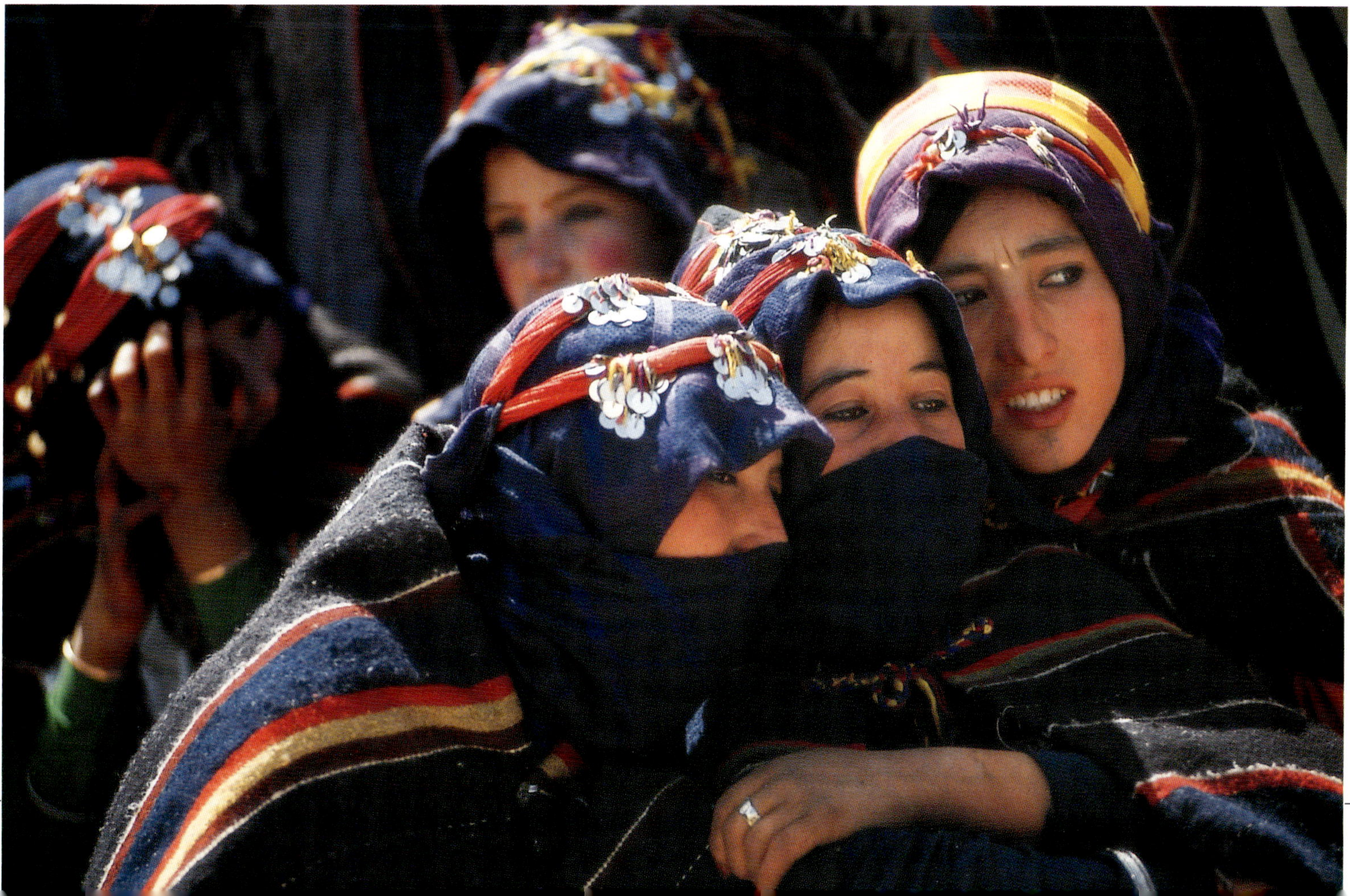

La Côte

Alors que j'approche de la côte, le paysage change ; on voit un beau sable brun et des arganiers à la forme tourmentée. On sent dans l'air une faible odeur salée qui annonce la mer. Tout semble différent ici : la topographie a changé, passant du désert rouge et dur au sable pâle ; les montagnes se sont retirées ; les maisons sont toutes chaulées en blanc et ont des volets bleus. On se croirait dans un autre pays — l'Andalousie ou le Portugal peut-être.

Essaouira

Longtemps avant même d'avoir visité le Maroc, j'étais venu pour la première fois à Essaouira par l'imagination. J'avais rêvé d'une ville près de la mer, entourée de murailles, aux maisons blanches, aux étroites ruelles, et où l'on entendait le bruit des vagues. Je ne sais pas pourquoi j'ai fait ce rêve ; cependant, toutes les fois où je reviens, il me semble revivre un rêve que j'aime et qui m'enchante.

La ville ancienne s'élève sur une presqu'île, à l'extrémité d'une vaste plage en forme de croissant. Des remparts rouges d'aspect massif entourent tout un dédale de rues comme on en trouve dans les médinas. Des passages se faufilent sous les maisons et réapparaissent sur des places inondées de lumière. Ainsi, une même ruelle prendra plusieurs virages à angle droit avant d'arriver à destination. Quelques avenues droites et relativement larges mènent du fort au pied des murailles ; ce sont les principales artères commerçantes.

C'est l'une des villes les plus jolies et les plus reposantes de tout le Maroc. Rien ne vaut une promenade détendue au gré de son humeur : les cafés où l'on s'attarde ; les boutiques des ébénistes travaillant le thuya ; les étals de poissons frais près du port de la Marine où l'on déguste des sardines grillées (une partie importante de la flottille de pêche marocaine est ancrée là) ; la longue plage d'où l'on regarde évoluer des dizaines de planches à voile (ne surnomme-t-on pas Essaouira « la cité des vents d'Afrique » ?) ; la *skala* (les fortifications) d'où l'on admire le coucher du soleil ; et à nouveau les cafés de la place du Prince Moulay Hassan d'où l'on observe passer les gens.

Les Carthaginois et Juba II

Essaouira est mentionnée, pour la première fois, au IIIe siècle av. J.-C., dans le « Périple » d'Hannon, le grand général carthaginois ; il dressa un relevé de la côte atlantique du Maroc et fonda peut-être une colonie dans la région d'Essaouira. On parle à nouveau de cette dernière au Ier siècle après J.-C., sous le règne du roi berbère Juba II, lorsqu'on y établit une fabrique de pourpre — couleur qui servait à teindre les toges de l'aristocratie romaine. On extrayait cette poudre de mollusques fort rares, que l'on trouvait dans cet endroit. Depuis cette époque, d'ailleurs, les deux petites îles au large de la ville s'appellent les « Iles Purpuraires ».

Les Portugais

Après le départ des Romains du Maroc, la colonie tomba dans l'oubli pendant plus d'un millénaire, jusqu'à l'arrivée des Portugais au XVIe siècle. Désirant étendre leurs activités commerciales le long de la côte sud, ils

Bateaux de pêche et barques se serrent les uns contre les autres à l'abri du port d'Essaouira.

Double page précédente :
Essaouira, autrefois connue sous le nom de Mogador, était déjà un important port de commerce au IIIe siècle avant J.-C. Les Romains y installèrent une fabrique de pourpre à partir de mollusques que l'on y trouvait, utilisée pour teindre les toges de l'aristocratie.

Construits sur l'ordre de Mohamed ben Abdallah (1757-1790), les remparts et fortifications d'Essaouira furent conçus par le Français Cornut, qui avait été fait prisonnier par le sultan.

envahirent une petite colonie berbère et la rebaptisèrent Mogador.

Les Portugais entretinrent un commerce lucratif avec les Berbères de l'intérieur (la ville représentait une escale importante pour le commerce transsaharien), jusqu'à ce que l'expansion chrétienne soit arrêtée par les *chorfa* saadiens au milieu du XVIe siècle. Les Portugais furent contraints d'évacuer d'autres enclaves commerciales le long du littoral, mais les Saadiens, conscients de l'utilité du commerce avec l'étranger, laissèrent Mogador pratiquer librement ses activités. La ville reprit alors le nom d'Essaouira (la « forteresse entourée de murailles » en arabe).

Mohammed ben Abdallah

Les visiteurs occasionnels d'Essaouira attribuent souvent l'édification des remparts et des fortifications portuaires aux Portugais ; en fait, ces travaux datent du règne du sultan alaouite, Mohammed ben Abdallah (1757-1790). Leur auteur en fut, pour une grande partie, Cornut, un architecte français prisonnier du sultan.

À partir du règne de Mohammed ben Abdallah, et jusqu'au début du Protectorat français en 1912,

Essaouira fut le premier port commercial du Sud marocain. Même sous le règne de Moulay Sliman (1792-1822), alors que le Maroc refusait toute influence étrangère au nom de la religion, Essaouira demeura l'un des quatre ports ouverts (avec Tanger, Rabat et Tétouan).

Les Français et Jimi Hendrix

Essaouira a aussi joué, à contrecœur, un certain rôle dans la conquête française de l'Algérie. Quand s'effondra la résistance d'Abd el Kader contre l'occupation française, il s'enfuit au Maroc où on l'accueillit en héros. Les Français demandèrent qu'on refusât tout soutien à l'émir algérien. Pour appuyer cette exigence, les Français battirent l'armée marocaine à Isly et bombardèrent ensuite Essaouira et Tanger. Ils occupèrent l'île de Mogador, en face d'Essaouira, jusqu'à la signature du traité de Lalla Marnia l'année suivante.

Pendant la seconde moitié du XIXe siècle, Essaouira prospéra, car c'était un des principaux centres du commerce avec l'étranger. La ville s'acquit aussi une fâcheuse réputation :

elle servait de point de passage pour la contrebande d'armes destinées aux chefs berbères du Haut-Atlas. Cependant, Casablanca la supplanta en devenant le principal centre commercial pendant le Protectorat français. Essaouira redevint Mogador sous l'administration coloniale ; elle ne devait retrouver son nom qu'après l'indépendance.

Quant à l'histoire plus récente, il faut ajouter la curieuse anecdote suivante : Essaouira devint un des repaires favoris de la contre-culture occidentale dans les années 1960. Jimi Hendrix, le célèbre guitariste de rock américain de l'époque psychédélique, voulut acheter l'île de Diabat, qui se trouve juste au sud de la plage d'Essaouira. Le gouvernement marocain s'y opposa avec sagesse, mais le musicien acheta néanmoins sur cette île le palais en ruine d'un noble. Cette demeure se transforma bientôt en refuge pour les hippies venus de partout. Jimi y séjourna peut-être une ou deux fois, mais jamais bien longtemps. Finalement, à la suite de plusieurs meurtres liés au trafic de drogue, la police intervint et dispersa les fidèles de Jimi vers d'autres villes, d'autres pays, d'autres « nirvanas ».

Aujourd'hui, le château d'« Hendrix » est envahi par les dunes et ense-

Une grande partie de la flotte de pêche marocaine mouille dans le port d'Essaouira, construit au XVIe siècle, ainsi que le bastion, sous l'occupation portugaise.

Son rôle en tant que port commercial ayant décliné après l'extension du port de Casablanca, Essaouira compensa la diminution de cette acti-vité économique en développant l'artisanat du bois de thuya, la pêche et le tourisme.

Marchands de fruits et légumes, d'épices et de vannerie, perpétuent, sous les colonnades du marché central, une longue tradition souiri de commerce. Des siècles durant, Essaouira fut en effet un important poste de commerce pour les marchands européens négociant avec les Berbères du Haut-Atlas.

Ce chevreau est encore trop jeune pour grimper dans les arganiers et se régaler des fruits de cet arbre. En pressant les noyaux des fruits mangés par les chèvres, on fabrique une huile très appréciée.

veli sous les broussailles. C'est un endroit étrange, à l'abandon, un peu difficile à trouver. Ses seuls visiteurs sont les chèvres, les Américains et les Européens d'un certain âge.

Mais la magie d'Essaouira ne tient pas seulement à son histoire, comme c'est le cas pour d'autres villes. Elle résulte plutôt d'un mariage harmonieux entre sa beauté naturelle et l'architecture. C'est un de ces lieux heureux qui se suffisent à eux-mêmes, ce qui permet donc à ses visiteurs d'être contents et détendus.

On ne s'est pas hâté de plaquer la laideur du modernisme sur les façades anciennes bleues et blanches de la ville. Même les nombreuses et récentes constructions édifiées le long de la plage s'inspirent largement de l'architecture des médinas.

Il existe peu d'endroits vraiment magiques dans le monde qui se révèlent aussi extraordinaires que ce que l'on voit sur les photographies. Essaouira est l'un de ces lieux, et j'espère qu'il le restera car, malgré son développement, la ville a gardé tout son charme.

Je quitte Essaouira à regret et j'emprunte la route côtière du Sud. En fait, cette dernière s'éloigne de la côte et serpente à l'intérieur des terres. On voit des chèvres grimper dans les arga-

niers ; les jeunes malins qui les gardent proposent de poser avec elles, moyennant quelques dirhams. Les arganiers sont des arbres très productifs : leurs feuilles servent à nourrir chèvres et dromadaires et on utilise dans la région l'huile rouge extraite de leurs amandes. Le thuya, dont le bois sert à fabriquer des boîtes sculptées et divers produits artisanaux, est aussi originaire de cet endroit.

La route du Sud est jolie, surtout quand elle descend des contreforts de l'Atlas, se faufile à travers les plantations de bananiers et une réserve d'oiseaux, puis rejoint la côte éblouissante. Seuls le phare du cap Rhir et quelques marabouts blancs ponctuent la côte solitaire. Plusieurs plages offrent une diversion en cours de route. D'autres points d'intérêt existent à l'intérieur des terres ; ainsi à Imouzzer des Ida Outanane, de vertes vallées mènent à une série de cascades.

Agadir

Alors qu'Essaouira récompense le visiteur par son calme et une bonne brise, Agadir (« le grenier fortifié »)

offre soleil et sable aux touristes du monde entier. Tous les ingrédients des vacances sont réunis : des hauts hôtels qui se veulent luxueux aux discothèques trépidantes, sans parler de trois cents jours de soleil par an. Il va de soi que c'est la première station balnéaire du Maroc.

Quand on arrive à Agadir par le nord, on traverse les faubourgs industriels de la ville, on longe un promontoire et l'on descend vers la longue courbe de la plage. Avant de rejoindre celle-ci, je prends une route sur la gauche qui me conduit à la casbah, en haut de la colline, séparant la zone industrielle du centre touristique et administratif.

Malgré le splendide panorama, la casbah reste un endroit empreint de tristesse — ses ruines rappellent le terrible tremblement de terre qui détruisit Agadir le 29 février 1960. En quinze secondes, 15 000 personnes trouvèrent la mort ; le village berbère, à l'intérieur des murailles de la casbah, fut détruit, et la ville en-dessous s'effondra comme un château de cartes.

La cité qui a surgi après le tremblement de terre est entièrement nouvelle, avec de larges boulevards et de nombreux hôtels blancs remplis de touristes européens. On a l'impression que le passé d'Agadir a disparu d'un seul

Taghazout est l'un de ces nombreux petits villages de pêcheurs qui jalonnent la côte atlantique.

Agadir, avec ses 300 jours de soleil par an et sa magnifique baie, séduit les vacanciers du monde entier.

coup, pour être remplacé par cet aspect moderne.

Cependant, la ville a occupé une place importante dans l'Histoire. On prétend qu'Oqba ben Nafi, le chef d'une force expéditionnaire omeyyade (syrienne), traversa le Souss en 683 et entra avec son cheval dans les flots à Massa, près d'Agadir, déclarant avoir atteint « le bout du monde ».

Toutefois, l'origine d'Agadir, ou du moins son importance, semble être relativement récente. Cela remonte à l'occupation portugaise de 1505. Ayant échoué dans leur tentative pour établir des relations commerciales avec les habitants du nord du Maroc, les Portugais cherchèrent à créer des comptoirs dans le sud. Ils construisirent, à l'emplacement de l'actuel cap Rhir, un *presidio* (une forteresse), qu'ils baptisèrent Santa Cruz. Un marché s'y tint le mercredi, où les Portugais échangeaient diverses marchandises contre des chevaux et du tissu.

Ces Portugais étendirent ce commerce à d'autres *presidios* sur la côte, dont Azemmour et Safi. À la même époque, des marchands espagnols et gênois pénétrèrent dans la vallée du Souss. Ce qui attirait les Européens, c'était surtout l'or qui arrivait par les routes transsahariennes jusqu'à Taroudant, mais aussi des marchandises locales — telles que le cuivre, l'indigo et la gomme arabique. Anecdote amusante à propos de ce commerce : ce serait un marchand anglais, habitant Agadir, qui aurait introduit ce tissu bleu résistant au sable, qu'ont adopté depuis les « hommes bleus », vivant dans le désert du Sud-Ouest.

Alarmés par la présence croissante des chrétiens, les habitants de la fertile vallée du Souss cherchèrent à monter une armée pour repousser les envahisseurs. Comme les autres marchands travaillaient surtout sous la protection des Portugais, ces derniers devinrent l'objectif à abattre. Les Soussi étaient farouchement indépendants ; les sultans marocains euxmêmes ne parvinrent pas à contrôler leur vallée jusqu'à l'avènement de Moulay Hassan (1873-1894), qui réussit à l'intégrer dans le *Makhzen*.

Le ressentiment des Soussi devint extrême, lorsque les Portugais emprisonnèrent des guerriers de l'endroit et demandèrent à parler à un représentant de la vallée avant de les libérer. Incapables de choisir ou d'élire un chef à cause de leurs querelles tribales, les habitants du Souss se tournèrent vers les Saadiens, une famille chérifienne de la vallée du Drâa.

Le chef de la maison saadienne, Abou Abdoullah Mohammed el Qaim, fut consacré chef du Souss, en 1510, près de Taroudant. Il entreprit un *jihad* contre les Portugais, qui aboutit à la prise d'Agadir en 1541 et au retrait des Portugais de presque tous leurs comptoirs le long de la côte marocaine.

Après le départ des Portugais, les Saadiens agrandirent le port d'Agadir et il devint le principal débouché des produits de la riche vallée du Souss. Mohammed el Cheikh (1554-1557) reconstruisit la ville proprement dite. Agadir resta un port important pour le commerce avec les Européens. Une inscription en arabe et en hollandais, au-dessus de la porte de la casbah, sur la colline, signale qu'un comptoir fut établi là en 1746.

Des chameliers proposent aux touristes de les promener au coucher du soleil sur la plage d'Agadir.

Du haut de son promontoire, la casbah d'Agadir domine la plage et les hôtels de la ville balnéaire.

Taroudant et la vallée du Souss

Situé à l'intérieur des terres, Taroudant devint un centre du commerce avec Tombouctou, exportant du sucre de canne, de l'indigo et du tissu en échange de l'or. Le négoce du métal précieux enrichit considérablement les Saadiens et ils en utilisèrent les revenus pour financer la conquête du Maroc et leurs campagnes contre les étrangers.

Les Saadiens firent de Taroudant leur capitale en 1520 et y restèrent vingt ans, avant de s'installer à Marrakech. Pendant cette période, ils reconstruisirent les murailles qui entourent la plus ancienne partie de la ville, ainsi que plusieurs palais. Le Dar el Baroud est peut-être le plus beau d'entre eux.

Certains de ces palais luxueux ont été transformés en hôtels — ainsi l'hôtel « Salam » avec ses murs rouges, ses délicieuses salles à manger, ses cours remplies de buissons odorants et de fontaines, ses jardins ornés d'arbres en fleur et de palmiers. Sous le règne des Alaouites, on procéda à d'autres embellissements ; pourtant, Taroudant demeura un foyer d'intrigues et de rébellions contre les souverains, pendant la majeure partie du XIXe siècle.

Située au cœur de la fertile vallée du Souss, Taroudant devint la capitale de l'empire saadien en 1520. Durant les vingt ans que dura leur présence dans la ville, les souverains de cette dynastie entreprirent de nombreuses constructions.

*Taroudant fut au XVIᵉ siècle un important car-
refour du commerce transsaharien de l'or, qui
enrichit grandement la cité ainsi qu'en témoignent les palais de cette époque, dont certains ont
été transformés en hôtels.*

Les imposantes murailles défensives de Tarou-dant, reconstruites par les Saadiens, sont aujourd'hui un but de promenade et forment un circuit que suivent les calèches.

La route de Tafraoute

Après avoir flâné quelques jours dans les halls des hôtels d'Agadir et dégusté plusieurs thés à la menthe dans les jardins d'un hôtel de Taroudant, je descends vers le sud, dans les montagnes de l'Anti-Atlas. Les riches champs du Souss, les vergers de citronniers et les plantations de bananes couvertes de plastique disparaissent. Le paysage devient plus âpre : collines rocheuses, cactus, épineux, arbrisseaux rabougris et résistants. C'est une route spectaculaire (en fait, je préfère le chemin à sa destination !), avec de nombreux lacets et des cols élevés. Les épineux portent des fruits jaunes et durs ; ils entourent les casbahs de pisé brun à l'abandon, qui s'élèvent sur les hauteurs au-dessus de la route.

Le village de Tioulit offre un spectacle des plus curieux. Au milieu d'une vallée s'élève une colline en forme de cône, que surmonte l'agglomération. Cela évoque un monastère perdu dans un coin d'Italie, avec son fond de montagnes poudrées de neige et ses pentes abruptes, découpées en terrasses où sont plantés des amandiers. On comprend facilement que les villageois

Même les dromadaires sont utilisés pour tirer les charrues, parfois en couple avec un mulet, dans un sol rocailleux qui, s'il n'est pas approprié aux céréales, convient parfaitement aux amandiers. Une Fête des Amandes se tient tous les ans à Tafraoute.

aient choisi un tel site : il offrait une parfaite défense naturelle contre les tribus pillardes qui erraient dans la région aux XVIIIe et XIXe siècles.

Tafraoute

Tafraoute est une ville endormie assez agréable, aux teintes rose et rouge, mais son cadre reste son atout. Elle s'inscrit dans une vallée circulaire qu'entourent de hautes collines de granit. D'énormes blocs se détachent des pentes et s'amoncellent sur les rebords de précipices en éboulis monumentaux aux formes étonnantes. Bien sûr, on leur a donné des noms tels que « la Vallée des Cyclopes » ou « le Chapeau de Napoléon » (ou son « Nez » selon la source d'information).

L'économie locale repose sur deux sources de revenus : la récolte des amandes et l'argent envoyé par les Berbères Chleuhs qui tiennent des épiceries dans tout le Maroc et même en France. Ce sont ces mêmes personnes — qui donnèrent tant de mal aux troupes du *Makhzen*, puis aux Français — qui se sont transformées maintenant en commerçants réputés pour leur grand esprit d'économie et leur caractère industrieux. Grâce à l'argent ainsi gagné, on a construit de grandes demeures, colorées en rose ou en ocre, sur une terre ingrate et difficile. Il semble que le rêve de tout Chleuh soit de faire fortune dans le Nord et de revenir acheter un terrain et d'y bâtir sa maison.

Plutôt que de reprendre le même chemin, je choisis la route à l'ouest menant à Tiznit. Elle est également spectaculaire, grimpant haut dans l'Anti-Atlas et passant auprès de villages roses et d'autres rochers monumentaux, avant de quitter les montagnes et d'arriver à Tiznit.

Près de Tafraoute, les maisons grimpent à l'assaut des collines de granit rose.

Le minaret de cette mosquée à Tafraoute donne
l'échelle de l'impressionnant amoncellement de
rochers qui l'environnent.

Page 226 :
Une petite oasis émerge de l'immensité de la plaine désertique de l'Anti-Atlas.

Page 227 :
Le village de Tioulit, tel un nid d'aigle, s'est installé tout en haut d'un superbe promontoire idéal pour sa protection.

Les Berbères de la région, bien connus pour être laborieux et économes, sont souvent amenés à quitter le pays à la recherche de travail. Quand, après plusieurs années d'absence, ils reviennent, c'est pour construire une belle maison dans leur Tafraoute bien-aimé où claquent les couleurs.

Tiznit

Le pré-Sahara commence à Tiznit qui, malgré beaucoup de constructions modernes, garde encore l'air d'une ville de garnison sur la frontière. Peut-être est-ce simplement dû au fait qu'en approchant on découvre un ensemble de remparts massifs crénelés qui entourent en grande partie la ville.

Le sultan alaouite Moulay Hassan (1873-1894) créa cette ville de garnison en 1882, pour conserver le contrôle de la région et surveiller notamment les Berbères Chleuhs si turbulents. Les Français s'y installèrent pendant le Protectorat pour la même raison.

Si les remparts massifs témoignent de la récente histoire militaire de Tiznit, ils entourent aussi quelques ksour plus anciens, ce qui laisse supposer que son histoire est antérieure à 1882. La légende locale attribue l'origine de la ville à la mort d'une prostituée repentie, qui fut martyrisée en 1500. Une source jaillit à l'endroit où tomba son corps, formant le bassin qu'on appelle « la Source Bleue de Lalla Tiznit ». Cette source, qui se trouve près de la grande mosquée, revêt un caractère sacré.

Même les figues de Barbarie se mettent à l'unisson du paysage...

Double page précédente :
D'espiègles petites filles se rient du photographe
au milieu des amandiers en pleine floraison...

*La route entre Tafraoute et Tiznit offre aux voya-
geurs la possibilité de faire halte dans de confortables hôtels, avec vue imprenable sur la plaine
et calme garanti.*

Construits par Moulay el Hassan en 1882 pour
protéger une garnison de troupes gouvernementales, les remparts de Tiznit entourent également
une médina plus ancienne.

Pages 234 et 235 :
Les marchés de Tiznit offrent à ses habitants et
aux villageois des environs toutes sortes de marchandises, dont ces fameux bijoux en argent qui
rendirent célèbre cette cité.

Sidi Ifni

Pour me rendre au Sahara, je n'ai cessé d'emprunter des chemins en diagonale, aussi vais-je continuer, me dirigeant cette fois-ci à l'ouest sur Sidi Ifni. Cette petite enclave côtière, tombée en décrépitude, me donne un avant-goût du colonialisme espagnol. Elle s'étend sur la crête d'une colline et un plateau, près de la mer, dans un coin perdu du pays. La première question que je me pose en arrivant, c'est de savoir pourquoi les Espagnols ont créé une colonie dans cet endroit.

Sidi Ifni est resté espagnol plus de cent ans, jusqu'à ce que le Maroc ferme la ville, contraignant ses occupants à l'évacuer en 1969. Les Espagnols l'avaient acquis en 1860 par le traité de Tétouan, et elle faisait partie d'une série d'enclaves côtières leur appartenant et qui bordaient le Sahara Occidental.

Malgré ma déception initiale, je m'attache à cette ville après avoir flâné dans ses rues, longé ses bâtiments des années 1930 au style Arts Déco, et parcouru son *malecon* (récemment reconstruit) au bord de l'Océan. Les colons espagnols venaient sans doute faire leur promenade du soir sur cette jetée. Des fantômes hantent l'endroit et on sent le doux relent des passions interdites — non seulement sur la terrasse, mais aussi sur le terrain d'aviation, avec ses bâtiments désolés et sa piste semée de trous. Cela constituerait le cadre idéal d'un roman existentialiste.

Cela ne signifie pas que cette ville marocaine ne soit pas fort vivante, car le marché central et les cafés sont animés. En outre, Sidi Ifni connaît un certain succès auprès des jeunes routards, notamment ceux qui sont fauchés ou sont dans la déveine. Néanmoins...

Goulimine

Goulimine représente un retour à la dure réalité du désert. Ce n'est pas une jolie ville, mais elle occupe une position symbolique à l'entrée du Sahara. J'arrive tôt un samedi, espérant voir le célèbre marché aux dromadaires ; les « hommes bleus » du désert viennent y acheter et vendre ces animaux et s'approvisionner en légumes sur le marché.

Mais, apparemment, ce samedi-là, les touristes dépassent en nombre les dromadaires, ce qui me déçoit ; je passe donc mon temps près des murs qui entourent le marché et je contemple le désert.

C'est là le vrai Sahara, implacable et scintillant sous le soleil. Les derniers contreforts de la chaîne de l'Atlas s'évanouissent dans les dunes, puis se transforment en une plaine semée de rochers éclatés. Là, pas d'oasis, de palmiers-dattiers ou de montagnes dans le lointain. Je vois simplement une étendue plate qui disparaît à l'horizon dans un miroitement — c'est à la fois beau et inhumain. Ici, pensè-je, le Sahara ouvre ses portes et attire irrésistiblement le voyageur. Mais je deviens mélodramatique...

Une arche moderne à l'entrée de Goulimine, véritable porte du Sahara occidental.

Les nomades se retrouvent à Goulimine pour le marché hebdomadaire du samedi où ils font provision de fruits et légumes. Un grand marché aux chameaux s'y tient également à certaines époques.

*Les « hommes bleus » seraient ainsi nommés en
raison du vêtement bleu dont ils s'enveloppent
pour se protéger du sable qui s'infiltre partout.
C'est un marchand anglais installé à Agadir qui
l'introduisit.*

L'autocar pour Tan Tan, dans lequel je monte, est rempli de femmes et d'enfants ; certains sont des Marocains du Nord, les autres des Sahraouis. Il y a quelques soldats qui regagnent leur poste sur la frontière.

La surveillance s'accroît alors que je descends plus au sud. Les banals contrôles de police se transforment en examens attentifs de mes papiers.

Tan Tan

Au-delà de Goulimine, les villes se font rares et sont très espacées. Aucun palmier-dattier, signalant la proximité de l'eau ou d'une oasis, ne vous souhaite la bienvenue. Les dernières collines disparaissent dans les sables. La végétation est clairsemée : des broussailles basses, des cactus qui fleurissent et une herbe du désert, plate, couleur de sang séché.

La première ville importante sur la route est Tan Tan, dénuée de tout caractère, mais où se tient en juillet un moussem remarquable — celui de Sidi Mohammed Laghdal. Les Sahraouis arrivent alors jusque de la Mauritanie, dans le sud. Les célébrations connaissent leur apothéose avec les courses de dromadaires dans le désert, auxquelles participent les Sahraouis, vêtus de leur robe traditionnelle bleu clair et de leur turban noir.

Tarfaya

De grandes dunes se déversent dans l'Atlantique à Tan Tan Plage, où l'on crée actuellement une station balnéaire. La route suit la côte, mais suffisamment en retrait dans les terres pour ne pas être envahie par le sable. Le long du littoral, le sable prend une belle couleur pâle, comme de l'ivoire, et cela offre un agréable contraste avec le désert plat et aride.

Après avoir traversé ce morceau de route, on attend beaucoup de Tarfaya, mais l'ancienne ville coloniale espagnole est un endroit relativement simple, où les maisons des faubourgs ont été abandonnées au sable apporté par le vent. Cependant, les environs sont assez pittoresques. Un marabout, blanchi à la chaux, se dresse près des dunes ; de là, les pèlerins aperçoivent bien les carcasses des quatre navires échoués sur la plage nord de Tarfaya.

Je rencontre rarement des étrangers dans ce coin du monde, notamment de jeunes routards ; mais là je fais la connaissance de Yoshi, un curieux Japonais. Il arrive de Laayoune, après être venu directement de Kobé en avion (avec des correspondances à Paris et Casablanca), afin de passer ses quinze jours de vacances à Tarfaya. « Pourquoi précisément là ? » me demandé-je. Il me répond en sortant une version japonaise du livre de Saint-Exupéry, *Courrier Sud*. Je sais qu'une partie de l'histoire se déroule à Cap Juby, près de Tarfaya. Yoshi adore Saint-Exupéry et il veut se promener sur le terrain d'aviation où atterrissaient les avions de l'Aéropostale transportant le courrier destiné à Buenos-Aires. Comme j'aime aussi cet écrivain, nous errons sous le soleil de midi, cherchant la tour de contrôle, les pistes, les vestiges d'une tragédie.

Nos recherches n'ont pas abouti, lorsque mon car pour Laayoune arrive. Je laisse donc Yoshi dans le petit motel rudimentaire, avec son *Courrier Sud* fétiche, lui souhaitant bonne chance. Sur la route du Sud, je vois un étrange ensemble de bâtiments aux toits arrondis, à l'intérieur des terres, loin des vents de la côte et du sable qu'ils apportent. M'approchant davantage, je découvre deux lignes régulières qui ressemblent fort à des pistes.

La pêche au gros se pratique directement de la plage de Tan-Tan.

L'architecture moderne a fait son apparition à
Tan-Tan, petite ville calme qui s'éveille chaque
année en juillet, lorsque les nomades, venant
d'aussi loin que la Mauritanie, s'y rassemblent
pour un grand moussem.

Pages 246 et 247 :
Les fêtes sont très colorées à Laayoune, où même
les tentes des nomades sont décorées de fanions.

Autrefois avant-poste espagnol, Tarfaya est maintenant un paisible village de pêcheurs.

Pages 248 et 249 :
Alors que le nord du Maroc se rapprochait de l'Arabie et, dans une moindre mesure, de l'Europe, le Sud se tournait vers l'Afrique Noire — vers les riches royaumes de Ghana, de Gao et de Tombouctou. Des caravanes traversaient les âpres étendues du Sahara pour échanger du sel contre de l'or. Transitant par Sijilmassa (près de l'actuel Rissani), ces caravanes représentaient l'une des plus importantes sources d'approvisionnement en or pour des villes aussi éloignées que Le Caire et Bagdad.

La partie ancienne de Laayoune, qui date de l'occupation espagnole de 1904 à 1975, descend en pente douce jusqu'aux rives de l'oued as saquia al Hamra.

Laayoune

Le car approche de Laayoune par la rive opposée du Saquia el Hamra, franchit l'eau peu profonde sur le pont de « la Marche Verte », puis se fraie un passage dans la partie ancienne de la ville. Laayoune est construite en gradins ; tout près de la rivière, on trouve des bâtiments administratifs et les maisons aux toits arrondis de l'ancienne colonie espagnole. Çà et là, quelques vieilles inscriptions n'ont pas été effacées — « Juan Sanchez S.A. » ou « Jefature de Securidad ». En bas, près de l'oued, les constructions témoignent de l'existence d'un très modeste avant-poste colonial. On vient de chauler en blanc, pour Pâques, une église de forme arrondie.

Toutefois, quand le car monte sur la rive de l'oued, il traverse des lotissements nouvellement construits, une longue et large avenue bordée de boutiques, de stations-service et une nouvelle grande mosquée — témoignage des investissements du Maroc à Laayoune. La ville possède aussi un stade de 30 000 places, plusieurs hôtels cinq étoiles, des dizaines de boutiques remplies de marchandises, allant des dernières télévisions japonaises aux réfrigérateurs français. La cité a l'air prospère et animée : de petits taxis la sillonnent en tous sens ; des camions-citernes rugissent en passant ; les véhicules blancs de l'ONU filent d'un hôtel à l'autre. L'activité repose essentiellement sur l'industrie des phosphates, qu'on extrait à Boukra (un vaste système de convoyeur transporte ce minerai sur plus de cent kilomètres jusqu'à Laayoune Plage).

Le Maroc s'est efforcé d'embellir la ville en plantant des centaines de palmiers-dattiers, ce qui lui donnera un aspect beaucoup plus agréable dans quelques années.

L'ONU occupe le haut du pavé à Laayoune et a monopolisé toutes les

chambres dans les meilleurs hôtels. Durant mon séjour, j'en viendrai à envier ces techniciens et pilotes bien nourris, qui sautent du confort de leur hôtel cinq étoiles dans des camions climatisés, puis dans leurs avions, pour exercer leur surveillance. Cependant, les soldats, quand ils arrivent à Laayoune, semblent avoir besoin de calme et de détente ; les Australiens ont droit en outre à un spectacle de variétés après l'exercice du soir.

On a construit beaucoup de logements à Laayoune ; une grande partie sont gratuits pour les Sahraouis. Des quartiers entiers de tentes berbères sont en train de se dresser, pour accueillir des participants au référendum. Comme celui-ci approche et que je suis seul, j'attire l'attention du service de sécurité ; on me demande de venir rendre compte de mes activités à la *jefatura*, un bâtiment sombre de l'époque coloniale. Après cela, mes promenades dans la ville sont surveillées ; personne ne me parle ; les Sahraouis, fort nombreux, se montrent très agréables mais restent sur leur réserve.

Le moment le plus intéressant de mon séjour est une promenade jusqu'au Saquia el Hamra ; cet étroit cours d'eau ressemble à un oued, mais n'en est pas vraiment un. Il s'agit d'un long et vaste bassin de retenue pour les rares pluies qui tombent dans la région, et il s'étend jusqu'à Smara. A Laayoune, il forme un bassin peu profond, idéal pour les oiseaux aquatiques. Je vois plusieurs espèces de gibier d'eau et un grand rassemblement de flamants roses. Ces oiseaux se nourrissent patiemment et, quand ils prennent leur envol, le spectacle est très beau : le blanc bordant leurs ailes et le rose en-dessous contrastent avec le brun des dunes qui dévalent la rive opposée.

Smara

J'attrape un car pour me rendre à Smara, à l'intérieur des terres. « Pour-quoi voulez-vous vous rendre à Smara ? » me demande-t-on. J'y vais parce que cette ville a joué un rôle historique et que, voici fort peu de temps encore, elle restait interdite aux étrangers. Ce sont des raisons suffisantes pour moi.

La première fois que j'ai entendu parler de Smara et de sa vieille casbah, ce fut dans un livre de Michel Vieuchange, « Chez les Dissidents du Sud marocain et du Rio de Oro ». Il s'agissait du récit du voyage fatal qu'y fit l'auteur en 1930. Porté dans un panier sur un dromadaire et déguisé en indigène, il put se promener dans les ruines de la casbah pendant trois heures, avant d'être forcé de partir. Quelques semaines plus tard, il mourait de la dysenterie.

La route traverse les étendues désertiques, suit brièvement le vaste bassin en forme de canyon du Saquia al Hamra, puis se dirige vers Boukra ; elle longe le convoyeur de phosphates qui, dans ce paysage désolé, prend des airs de science-fiction. Il y a peu d'agglomérations, car l'eau manquerait pour alimenter de trop nombreux habi-

Double page précédente :
Le gouvernement marocain a consacré un important budget au développement de Laayoune où des hôtels de première catégorie, un vaste stade de football, plusieurs parcs et de grandes places ont été construits.

Les bâtiments de Laayoune ont été réalisés dans des styles très divers.

tants. Çà et là, parmi les ondulations du désert, l'humidité se concentre dans de petits creux ovales, ce qui permet aux Sahraouis d'y cultiver du blé. L'apparition de cette céréale est aussi belle que miraculeuse, tout comme les fleurs lavande qui jaillissent des plantes grasses ou l'herbe rouge sang qui couvre le désert au printemps. Autrement, on ne trouve que des épineux et des broussailles rabougries et résistantes. La vie animale, exception faite de quelques oiseaux aux ailes noires et d'un hibou, se tient au niveau du sol : lézards, rongeurs et fourmis se cachent dans l'herbe du désert. Parfois, dans ces étendues nues, apparaissent des troupeaux de chèvres ou une tente noire avec, à côté, une Landrover.

Quand on approche de Smara, le désert devient plat, dur et nu, puis s'élève en une série de dunes noires, qu'on croirait couvertes de mazout.

Smara paraît être une ville nouvelle, mais on y décèle des traces d'ouvrages en pierre, anciens et élaborés, typiques de la région. Au coin d'une mosquée couleur moutarde s'élève un minaret en pierre nue. Une ville moderne, avec des maisons aux toits arrondis et des casernes, s'étire tout autour.

Un dénommé Ma el Ainin entretint autrefois de grandes ambitions pour Smara. Il désirait construire une cité sur la route des caravanes entre le Soudan et le Maroc. Il voulait aussi créer une base pour lancer ses campagnes contre les Français qui, au début du XXe siècle, faisaient de fréquentes incursions à partir de l'Algérie. Construire une ville à Smara relevait de l'exploit, car il n'y avait pas d'eau en surface, pas plus que d'oasis. On trouva toute l'eau en forant des puits profonds. En outre, il fallut transporter les matériaux de construction sur de longues distances. Néanmoins, des artisans vinrent de loin, Fès notamment, pour aider à édifier la casbah.

Le sultan alaouite Moulay Abd el Aziz soutint Ma el Ainin et le reconnut comme chef de la région, y compris de la Mauritanie du nord-ouest. Mais en 1910, les Français forcèrent le souverain à retirer son appui à Ma el Ainin. Ce dernier se proclama sultan du territoire et marcha sur le Nord, pour tenter de débarrasser le Maroc des étrangers.

Il fut battu par le général Monier près de Tadla et il mourut peu après à Tiznit. Après le traité de Fès qui établissait le Protectorat français, El Hiba, le fils de Ma el Ainin, se proclama sultan à son tour et reprit le *jihad* de son père contre les Français.

Il marcha sur Marrakech et prit en otage cinq des six Français qui y résidaient (ces derniers étaient sous la protection « officielle » des Glaoua). Une colonne française battit finalement El Hiba en septembre 1912. Les Glaoua affirmèrent avoir sauvé les otages, et en récompense, ils reçurent le contrôle d'une grande partie du Sud.

Après sa défaite, El Hiba se réfugia à Taroudannt, mais en fut chassé par les forces Glaoua en mai 1913. Les jours de gloire de la dynastie de Smara furent de courte durée. Toujours en 1913, les Français pillèrent Smara, anéantissant les rêves de Ma el Ainin et de El Hiba. Les Espagnols arrivèrent en 1936 et occupèrent la ville.

Smara représenta la fin de la route pour Michel Vieuchange. Bien que n'ayant pu passer que trois heures dans les ruines de la casbah, il en fut émerveillé. Mon propre voyage, encore que dépouvu de toute tragédie — bien au contraire —, touche à sa fin à Smara. Je n'irai pas plus loin dans le Sud. Il y a encore Dakhla, mais cela semble un long voyage et mes pensées se tournent vers ma famille. J'attrape un autocar remontant dans le Nord et ainsi commence mon retour.

Double page précédente :
Les jeunes Marocains célèbrent l'anniversaire de la Marche Verte. En novembre 1975, l'Espagne ayant quitté ses possessions coloniales, les Marocains entrèrent pacifiquement à pied dans le Sahara Occidental pour soutenir la revendication de leur pays sur ce territoire.

De nombreux Sahraouis mènent encore une existence de nomades dans le désert, même si quelques familles aisées ont troqué leurs chameaux contre des Landrovers.

Double page suivante :
L'oued as saquia al Hamra, bassin vaste mais peu profond, est un véritable sanctuaire pour les flamants roses et une faune aquatique variée, au milieu des dunes qui entourent Laayoune.

Épilogue

« En vérité, j'ai réalisé mon désir en ce monde — loué soit Dieu —, parcourir toute la Terre, et j'ai réussi à ce titre ce que nul autre n'a fait à ma connaissance. »

IBN BATTOUTA, dans le *Rihla*

Ibn Battouta, le grand voyageur marocain du XIVe siècle, désirait ardemment découvrir d'autres civilisations, d'autres paysages, d'autres peuples. Depuis un certain nombre d'années maintenant — peut-être depuis que j'ai rêvé d'un tel endroit — j'ai éprouvé un désir plus modeste : explorer le pays qui vit naître ce grand voyageur.

Selon moi, rien n'aiguise autant les sens que la perspective de quitter ce qui est familier, pour aller dans des régions aux climats et aux paysages vraiment différents — là je suis obligé de mettre à l'épreuve mes conceptions du monde et de mesurer la place que j'y occupe. Je pense que la vraie réussite, l'authentique plaisir du voyage, c'est de pénétrer quelque part et d'en être transformé.

Le Sud marocain est un endroit magique pour changer de peau (même si c'est seulement dû à un coup de soleil !). Quel que soit le programme de chacun — par les spectacles, les odeurs, les sensations qu'il offre —, le Sud permet de réaliser ses désirs les plus simples ou ses rêves les plus fous. Aujourd'hui, la plupart des petites villes sont dotées d'« Hôtels du Sud » trois et quatre étoiles (parfois dans des endroits inattendus, comme Taliouine ou Boumalne du Dadès). Des autocars luxueux et climatisés transportent en un éclair les passagers sur de bonnes routes, et des Landrovers sillonnent les pistes plus périlleuses de l'arrière-pays. Aussi n'est-il pas vraiment difficile de réaliser ses rêves.

Un autre attrait du Sud, c'est l'hospitalité de ses habitants. Je me souviens des amitiés éphémères nouées tout au long du chemin : le vieil homme d'Achich Aït Yazza ; les garçons de Merzouga qui ont regonflé mes pneus ; l'invitation à déjeuner de Tarfaya ; sans parler de la dégustation d'innombrables et délicieux verres de thé à la menthe. Je me rappelle avec sympathie du chef de police de Laayoune, qui acheva notre entretien en me parlant de l'intrigue d'un roman qu'il voulait écrire : un étranger qui se trouvait au mauvais endroit, au mauvais moment, et ne pouvait prouver son innocence. Bonne chance pour votre roman, Monsieur...

D'autres personnes m'ont témoigné de la gentillesse : Monsieur Lazreq de Royal Air Maroc, à Genève, qui m'aida à choisir mon itinéraire et les moyens de transport ; Elizabeth Thornhill de Dar America à Casablanca ; et, bien sûr, cette vraie Marocaine par le cœur, ma femme Mary.

Je n'oublierai jamais les magnifiques paysages découverts : les dunes de l'erg Chebbi ; la luxuriante palmeraie du Tafilalt ; les sommets élevés du Haut-Atlas ; les couleurs blanche et bleue d'Essaouira ; les parois impressionnantes du jbel Sarhro ; les étendues nues du Sahara Occidental et les souks animés de Marrakech.

Je me demanderai toujours si Yoshi a fini par trouver le terrain d'aviation de Cap Juby...

Bibliographie

Abun-Nasr, J.M. : *History of the Maghrib* (2e éd.), Cambridge, 1975.
Battuta, Ibn : *Voyages*, Paris, 1990.
Barrows, D.P. : *Berbers and Blacks : Impressions of Morocco, Timbucktoo and the Western Sudan*, Londres, 1927.
Bertrand, A. : *Tribus Berbères*, Paris, 1977.
Bosworth, C.E. : *The Islamic Dynasties*, Edimbourg, 1967.
Bowles, P. : *Their heads are green and their hands are blue*, New York, 1957.
Brace, R.M. : *Morocco, Algeria, Tunisia*, Englewood Cliffs, NJ, 1964.
Braithwaite, J. : *The history of the revolutions in the empire of Morocco, upon the death of the late emperor Muley Ishmael*, Miami, 1969.
De Amicis, E. : *Morocco. Its People & Places*, Londres, 1985.
Foucauld, C. de. : *Reconnaissance au Maroc, 1883-4*, Paris, 1888.
Dunn, R.E. : *The adventures of Ibn Battuta*, Los Angeles, 1986.
Gautier, E.F. : *Le Sahara*, Paris, 1928.
Gellner, E. : *Saints of the Atlas*, Londres, 1969.
Gellner, E. & Micaud, C. (eds.) : *Arabs and Berbers,* Londres, 1972.
Gouvion, C. : *Maroc*, Paris, 1981.
Harris, W. : *The land of an African sultan : travels in Morocco, 1887-9*, Londres, 1889. *Tafilet*, Londres, 1895. *Morocco that was*, Londres, 1921.
Holliday, J. : *Morocco*, Londres, 1988.
Keohane, A. : *The Berbers of Morocco*, Londres, 1991.
Lacoste, Y. : *Ibn Khaldoun : Naissance de l'Histoire*, Paris, 1966.
Landau, R. : *The kasbas of southern Morocco*, Londres, 1969. *Morocco : Centres of art and civilization*, Londres, 1967.
Lebel, R. : *Les voyageurs français du Maroc ; l'exotisme marocain dans la littérature de voyage*, Paris, 1936.
Lemprière, W. : *A tour through the dominions of Morocco*, Londres, 1813.
Khaldun, Ibn : *The Muqaddimah.* (traduit par Rosenthal, F.), New York, 1958.
Le Tourneau, R. : *Fez in the Age of the Merinids*, Norman, OK, 1961.
Marcilhac, F. : *Les Orientalistes : Jacques Majorelle*, Paris, 1988, ACR Édition.
Maxwell, G. : *Lords of the Atlas*, Londres, 1966.
Meakin, B. : *The land of the moors*, Londres, 1901.
Minvielle, P. (ed.) : *Le Maroc*, Paris, 1987.
Montagne, R. : *Les berbères et le makhzen dans le sud du Maroc*, Paris, 1930. *Villages et kasbas berbères*, Paris, 1932.
Mouline, S. : *Habitats des qsour et qasbas des vallées présahariennes*, Rabat, 1991.
Oliver, R. & Fage, J.D. : *Short history of Africa*, Harmondsworth, 1977.
Pellow, T. : *The Adventures of T. Pellow*, Londres, 1890.
Pickens, S. : *Les villes impériales du Maroc*, Paris, 1990, ACR Édition.
Porch, D. : *The conquest of Morocco*, New York, 1986. *The conquest of the Sahara*, New York, 1984.
Sijelmassi, M. : *Les arts traditionnels au Maroc*, Paris, 1986, ACR Édition.
Verlet, B. : *Le Sahara*, Paris, 1958.
Vieuchange, M. : *Chez les dissidents du Sud Marocain et du Rio de Oro*, Paris, 1931.
Welch, G. : *The unveiling of Timbucktoo*, New York, 1939.
Wharton, E. : *In Morocco.* Londres, 1984.

Crédit photographique

© ACR Editions pour les photographies de Michel Renaudeau et Xavier Richer

Denarnaud, Jacques, pp. 13, 103, 249, 259. Jantet, Patrick/Hoa Qui, pp. 6-7, 24-25, 60-61, 112-113, 146-147, 154-155. Kerivel, Charles, pp. 100, 149, 186, 226. Lerat, J.-M./Hoa Qui, pp. 172-173, 176, 177. Mazel, Jean, pp. 95, 99, 102, 105, 110. Office National Marocain du Tourisme, p. 248. Pickens, Samuel, pp. 90, 140, 148, 179. 260-261. Renaudeau, Michel/Hoa Qui, pp. 17, 31, 34, 35, 41, 43, 44, 46, 48-49, 54, 55, 57, 67, 70, 71, 73, 80, 101, 104, 111, 114, 115, 120, 121, 124, 125, 131, 135, 166, 180, 191, 192-193, 194, 195, 197, 198, 199, 200-201, 202, 203, 206, 207, 210, 211, 212-213, 214, 215, 216, 217, 218, 219, 220-221, 222, 223, 224, 225, 227, 228-229, 231, 232, 233, 234, 235, 237, 238, 239, 243, 244, 245, 250, 255. Richer, Xavier/Hoa Qui, pp. 9, 10, 12, 28-29, 32-33, 36-37, 39, 45, 47, 52-53, 56, 63, 66, 68, 69, 74, 75, 77, 78, 79, 81, 83, 84-85, 87, 88-89, 93, 96, 97, 107, 108-109, 116-117, 118-119, 122-123, 127, 128, 129, 130, 136-137, 138, 139, 141, 143, 144-145, 150, 151, 153, 157, 160, 161, 163, 164, 165, 167, 168, 169, 170, 171, 174-175, 181, 182-183, 184, 185, 187, 188, 189, 209, 240, 241, 263. Saharoff, Philippe/Hoa Qui, pp. 14, 15, 21, 27, 82, 159, 256-257. Studio Alain Gérard, pp. 58-59, 91, 205, 246, 247, 251, 252-253. Valentin, Emmanuel/Hoa Qui, p. 230. Wallet, P./Hoa Qui, pp. 8, 11, 50, 51, 64-65, 106, 133.